Leituras Especiais sobre Ciências e Educação

Coleção Conhecimento e Vida

Coordenação
Diamantino Fernandes Trindade

Dados Internacionais de Catalogação na Publicação (CIP)
(Câmara Brasileira do Livro, SP, Brasil)

Leituras especiais sobre ciências e educação / Ana Paula Pires Trindade, Diamantino Fernandes Trindade (orgs.). -- São Paulo : Ícone, 2008. -- (Coleção conhecimento e vida / coordenação Diamantino Fernandes Trindade)

Vários autores.
Bibliografia
ISBN 978-85-274-1033-5

1. Aprendizagem 2. Ciência - Interfaces com mitos e religião 3. Escrita 4. Linguagem e ciência 5. Pedagogia I. Trindade, Ana Paula Pires. II. Trindade, Diamantino Fernandes. III. Série.

08-09754   CDD-370.78

Índices para catálogo sistemático:

1. Ciência e educação : Leituras   370.78

ORGANIZADORES
ANA PAULA PIRES TRINDADE
DIAMANTINO FERNANDES TRINDADE

Leituras Especiais sobre Ciências e Educação

AUTORIA DA ESCRITA NA VISÃO PSICOPEDAGÓGICA

INTERFACES DA CIÊNCIA: MITO, RELIGIÃO, PODER E EDUCAÇÃO

CONQUISTAS FEMININAS: AVANÇOS E RETROCESSOS

A DIDÁTICA DO ENSINO DA MATEMÁTICA NA EDUCAÇÃO DE JOVENS E ADULTOS

DOS IDEOGRAMAS ALQUÍMICOS AO ALFABETO DE LAVOISIER: UMA ANÁLISE DA INFLUÊNCIA DA LINGUAGEM NA EVOLUÇÃO DA QUÍMICA E DAS CIÊNCIAS

1ª Edição - 2009

Ícone
editora

© Copyright 2008
Ícone Editora Ltda.

Capa
Rodnei de Oliveira Medeiros

Diagramação
João Bosco de Oliveira

Revisão
Rosa Maria Cury Cardoso

Proibida a reprodução total ou parcial desta obra, de qualquer forma ou meio eletrônico, mecânico, inclusive através de processos xerográficos, sem permissão expressa do editor (Lei nº 9.610/98).

Todos os direitos reservados pela
ÍCONE EDITORA LTDA.
Rua Anhanguera, 56 – Barra Funda
CEP 01135-000 – São Paulo – SP
Tels./Fax.: (11)3392-7771
www.iconeeditora.com.br
iconevendas@iconeeditora.com.br

*Para Amanda, Andrea e Tharso,
que nos dão forças para continuarmos
buscando nossos objetivos.*

Sobre os autores

Ana Paula Pires Trindade

- Licenciada em Letras: Inglês/Português pela UNIFAI[1]
- Pós-graduada em Psicopedagogia pela Universidade São Marcos
- Professora de Inglês e Italiano da Escola de Idiomas Wizard
- Lecionou Inglês nas Escolas Fisk
- Coordenadora Pedagógica da Escola de Idiomas Wizard
- Autora de artigos sobre Educação
- Tradutora de livros e documentos

Diamantino Fernandes Trindade

- Doutor em Educação pela PUC-SP[2]
- Mestre em Educação pela UNICID[3]
- Pedagogo pela UNINOVE[4]
- Licenciado e Bacharel em Química pelas F.F.C.L. Oswaldo Cruz

---

[1] Centro Universitário Assunção.
[2] Pontifícia Universidade Católica de São Paulo.
[3] Universidade Cidade de São Paulo.
[4] Centro Universitário Nove de Julho.

- Professor do CEFET-SP[5], onde leciona História da Ciência, Divulgação Científica, Fundamentos da Educação para o Ensino das Ciências nos cursos de Formação de Professores de Física e Ciências da Natureza; Epistemologia da Ciência e Políticas Públicas e Gestão da Escola para os cursos de pós-graduação
- Lecionou Química Geral, História da Ciência e Organização da Escola: Estrutura e Funcionamento nos cursos de Formação de Professores de Química, Física e Matemática do Instituto Superior de Educação Oswaldo Cruz
- Pesquisador do GEPI[6] da PUC-SP, coordenado pela Professora Dra. Ivani Fazenda

Sobre os autores colaboradores

Elisabeth Teresinha Guerato

- Pós-graduada em Educação de Jovens e Adultos pelo CEFET-SP
- Licenciada em Matemática pela USP
- Professora do CEFET-SP, onde leciona Matemática para o Ensino Médio; Geometria Analítica e Vetores,

---

[5] Centro Federal de Educação Tecnológica de São Paulo.
[6] Grupo de Estudos e Pesquisa da Interdisciplinaridade.

Estatística e Cálculo para os cursos de Engenharia Mecatrônica, Tecnologia Mecânica e Tecnologia Eletrônica e Matemática Aplicada para o curso de Formação de Professores em Ciências da Natureza
- Professora de Educação de Jovens e Adultos da Rede Municipal de Ensino Fundamental da Cidade de São Paulo

Marcelo Marcílio Silva

- Técnico em Processamento de Dados pelo CEFET-SP.
- Atuando há 20 anos no setor de informática, desenvolveu trabalhos nas áreas de automação e *software* básico, principalmente para o setor de transporte de gás/petróleo
- Atuou como professor no Centro Educacional de Pedreira (SP)
- Participou do Projeto Cultural Abertura, promovendo a exposição "Realismo Contemporâneo Desconhecido – Resgate Histórico do século XX" no Centro Cultural Vergueiro concomitantemente com o lançamento do livro *Paisagens Brasileiras* do qual foi editor
- Estudante do curso de Licenciatura em Física do CEFET-SP
- Membro do Grupo de Pesquisa em Ensino de Física do CEFET-SP

Índice

APRESENTAÇÃO, 15
Ana Paula Pires Trindade e Diamantino Fernandes Trindade

1ª PARTE
AUTORIA DA ESCRITA NA VISÃO PSICO-PEDAGÓGICA: Um Passo Para a Liberdade, 23
Ana Paula Pires Trindade
Introdução, 23
1. O meio sociocultural e o processo de aprendizagem, 27
    1.1. O Processo de Mediação como produto sócio-histórico, 27
    1.2. Desenvolvimento do pensamento e da linguagem, 30
    1.3. Zona de Desenvolvimento Proximal e a Aprendizagem, 34

- 1.4. A Linguagem Escrita, 35
- 1.5. Desenvolvimento de conceitos científicos a partir da Linguagem Escrita, 38
- 1.6. A Escrita como meio de interação social no contexto atual, 40

2. O desenvolvimento da autoria da escrita: uma visão psicopedagógica, 47
- 2.1. O Autor e o desejo, 47
- 2.2. A Autoria e a Autonomia, 51
- 2.3. A Autoria da Escrita e a Aprendizagem: construção do conhecimento, 53
- 2.4. A Escola e a Autoria da Escrita, 55
- 2.5. O Sujeito sócio-histórico e a Autoria da Escrita, 60

3. O mediador no processo de autoria da escrita: uma abordagem psicopedagógica, 65
- 3.1. A Autoria e o Mediador/Ensinante, 65
- 3.2. Ensinante e Aprendente – uma relação dialética, 68
- 3.3. A Zona de Desenvolvimento Proximal e o Desenvolvimento da Autoria, 71
- 3.4. O Mediador Ensinante e o Desejo, 72

Considerações finais, 75

Referências bibliográficas, 79

2ª PARTE
INTERFACES DA CIÊNCIA: Mito, Religião, Poder e Educação, 83
Diamantino Fernandes Trindade
1. Introdução, 83
2. Ciência e mito, 88
3. Ciência e religião, 96
4. Ciência e poder, 104
5. Ciência e educação: o papel da História da Ciência para a compreensão do significado dos saberes escolares, 118

Referências bibliográficas, 131

3ª PARTE
CONQUISTAS FEMININAS: avanços e retrocessos, 135
Ana Paula Pires Trindade e Diamantino Fernandes Trindade
Referências bibliográficas, 153

4ª PARTE
A DIDÁTICA DO ENSINO DA MATEMÁTICA NA EDUCAÇÃO DE JOVENS E ADULTOS, 157
Elisabete Teresinha Guerato
1. A legislação oficial e o ensino da matemática, 157
2. A matemática segundo o ENCCEJA, 158

3. Matrizes de matemática: a matemática no ensino fundamental, 160
4. Por que e para que aprender matemática?, 162
5. O ensino de matemática na EJA, 163
6. Experiência pessoal, 167
Referências bibliográficas, 173

5ª PARTE
DOS IDEOGRAMAS ALQUÍMICOS AO ALFABETO DE LAVOISIER: uma análise da influência da linguagem na evolução da química e das ciências, 175
Marcelo Marcílio Silva
1. Introdução, 175
2. Lavoisier: o homem, 177
3. A necessidade de uma nova linguagem, 179
Referências bibliográficas, 188

Apresentação

Ana Paula Pires Trindade
Diamantino Fernandes Trindade

Caro leitor!

A Coleção **Conhecimento e Vida** traz até você o livro *Leituras Especiais sobre Ciências e Educação*, onde serão abordados temas de interesse geral para os professores e alunos de vários segmentos do ensino.

Na primeira parte da obra, Ana Paula Pires Trindade faz uma análise do desenvolvimento da autoria da escrita e o seu papel na construção do sujeito epistêmico tanto no âmbito social quanto no escolar. Para desenvolver esta temática foi escolhido como eixo teórico o sujeito sócio-histórico de Vygotsky e suas teorias sobre pensamento, linguagem, mediação e zona de desenvolvimento proximal. O sujeito autor é abordado numa visão psicopedagógica baseada na teoria de Alícia Fernández, cuja concepção de autoria está diretamente relacionada ao desejo e à autonomia. O trabalho também questiona o real papel do mediador no processo da autoria escrita e tem como objetivo principal esclarecer como se dá o processo de aquisição de autoria no sujeito a fim de auxiliar o ensinante a desencadeá-lo no meio sociocultural atual que ainda trata a escrita como mero código linguístico e não como uma ferramenta de inserção social do indivíduo.

Na segunda parte, Diamantino Fernandes Trindade e Lais dos Santos Pinto Trindade abordam algumas interfaces que a Ciência estabelece com o mito, a religião, o poder e Educação.

O mito não se opõe à verdade, como entende a ciência moderna, já que responde a diferentes questões externas ao âmbito da Ciência. Não é antagônico à Ciência, nem pertence ao passado da humanidade, mas está implícito no fazer ciência e na vida humana. O mito relata e revela sempre verdades simbólicas importantes sobre a humanidade.

Se considerarmos a religião como uma concepção geral do mundo na qual o universo material e o destino humano são governados por um poder divino e sagrado, torna-se claro que se fundamenta em explicações sobre a origem e o movimento de todas as coisas. As relações entre Ciência e a religião sempre foram permeadas por desentendimentos e disputas. O debate entre Galileu e o Papa Urbano VIII é um exemplo histórico desse fato.

Newton dedicou mais tempo ao estudo da Teologia e da Alquimia do que à Física. No mundo ocidental, a Ciência surgiu no interior das religiões, principalmente na Igreja Católica. O período da longa noite de mil anos, chamado de Idade Média, era herdeiro direto da cultura greco-romana, mas sua sociedade assentava-se em bases estritamente cristãs, portanto religiosas; dirigida e organizada pela Igreja Católica, tinha como lei os textos bíblicos. Além das tensões entre os cientistas e a Igreja Católica, ao longo dos tempos, é feita uma abordagem sobre o fato de que a Ciência não tem como proposta tirar Deus das pessoas, e sim proporcionar uma forma alternativa de espiritualidade ligada ao mundo natural e não ao sobrenatural, à cativante magia da descoberta.

O poder sempre formou uma interface com a Ciência desde a criação das universidades medievais, que eram um poderoso instrumento do poder da Igreja, determinando o que deveria ser ensinado fundamentado nos textos sagrados, e todo o seu sistema pedagógico tinha como base a escolástica, preparando quase exclusivamente eclesiásticos e juristas. Nessas instituições não havia lugar para as ciências da natureza. A criação das academias de ciências e a Revolução Industrial cristalizaram as relações entre o poder e a Ciência. Essa interface está presente nos dias de hoje pois, a Ciência não é um conhecimento neutro. É financiada pela classe dominante e pelos estados poderosos bem como as principais instituições: a universidade, a mídia etc.

A interface entre Ciência e Educação é analisada pela visão da didática das disciplinas, onde o trabalho de Yves Chevallard é uma das referências para a discussão das relações entre os saberes científicos e escolares. A principal categoria trabalhada por Chevallard, o conceito de *transposição didática*, estabelece a passagem do saber científico para o saber ensinado. Esse modelo expandiu-se para as mais diversas disciplinas e as relações entre os saberes científicos e os escolares ficaram caracterizadas sempre por uma transposição de conteúdos, originários do saber científico destinados a serem incorporados como conteúdos escolares. Se esse modelo não serve como categoria histórica para compreender o significado dos saberes escolares, qual seria o caminho a ser seguido? A História da Ciência pode ser esse caminho quando mergulha nos novos objetos históricos: história dos instrumentos, análises das práticas científicas, tecnologias literárias, história das organizações e escolhas técnico-científicas, focando o debate entre as diferentes idéias existentes no mesmo período.

Na terceira parte deste livro, Ana Paula e Diamantino escrevem sobre as conquistas das mulheres em diversos setores, bem como a importância do dinamismo matriarcal, em contraponto ao dinamismo patriarcal que rege a sociedade atual. Ao longo do tempo, diversas mulheres deixaram bem demarcado o seu território de ação, mesmo a contragosto do poder masculino. No final do século XIX, algumas mulheres iniciaram uma ruptura com o dinamismo patriarcal e fizeram história no âmbito da Ciência, sendo que Marie Curie foi a primeira mulher a receber o Prêmio Nobel, abrindo o caminho para que outras pudessem se destacar na Ciência e em outras áreas do conhecimento. Muito antes de Marie Curie, a matemática Hipátia (370-415) destacava-se com seu trabalho na Biblioteca de Alexandria. Numa época em que não eram consideradas cidadãs, sabe-se que as mulheres sempre trabalharam, assumindo um papel importante no desenvolvimento das cidades medievais e o seu trabalho foi também importante nas primeiras indústrias. Em nosso país o acesso das mulheres às universidades tornou-se realidade apenas no século XX. Felizmente, com o passar do tempo, a situação foi mudando e hoje as mulheres trabalham e estudam em igualdade de condições com os homens em todos os níveis escolares. As conquistas femininas vêm se consolidando no mundo globalizado e o conhecimento não é mais privilégio do domínio masculino.

Na quarta parte temos a colaboração da professora Elisabete Teresinha Guerato que discorre sobre a Didática do Ensino da Matemática na Educação de Jovens e Adultos. Por meio da análise de documentos legais, a autora mostra a importância da alfabetização matemática no sentido de fornecer competências para que o aluno seja capaz de analisar, raciocinar e comunicar o enunciado; formular e resolver problemas em contextos e em diversas situações. Para dimensionar o papel da Matemática na formação de um jovem ou de um adulto é importante que se discuta, de um lado, a natureza desse conhecimento, suas características principais e seus métodos particulares; de outro, é fundamental discutir suas articulações com outras áreas de conhecimento e suas efetivas contribuições para a formação da cidadania e para a constituição de sujeitos da aprendizagem.

Na última parte da obra, Marcelo Marcílio Silva traz preciosa colaboração com o estudo analítico entre os ideogramas alquímicos e a Nomenclatura Química proposta por Lavoisier que, em 1787, defendeu na Academia das Ciências, durante a leitura pública de sua Memória, a necessidade de reformar e aperfeiçoar a nomenclatura química. Procurando aprofundar esta Memória acabou desenvolvendo o seu *Tratado Elementar de Química*, onde rompeu com a tradição alquímica propondo uma revolução que resultaria nas bases para a instituição da Química como uma ciência moderna. Em seu Discurso Preliminar do Tratado, Lavoisier apresenta brevemente a sua visão da dimensão da linguagem na construção do pensamento científico. Marcelo aprofunda a discussão do papel da linguagem e de como a adoção de uma nomenclatura química elementar possibilitou a escrita da natureza dessa ciência de uma forma sistêmica e quantificável. Esse processo resultou nas idéias de partícula e de átomo. A noção de quantização, primeiramente de matéria e posteriormente de energia, possibilitou um avanço no desenvolvimento das ciências nos séculos XIX e XX que provavelmente não teriam sido possíveis sem a visão "elementarista" de Lavoisier.

Muito bem caro leitor, vamos mergulhar nestas leituras especiais que trarão, sem sombra de dúvidas, uma nova visão sobre alguns temas discutidos na atualidade nos campos da Educação e da Ciência.

Autoria da escrita na visão psicopedagógica
Um passo para a liberdade

Ana Paula Pires Trindade

> *Cada criatura humana traz duas almas consigo: uma que olha de dentro para fora, outra que olha de fora para dentro.*
> Machado de Assis

Introdução

O objetivo do presente trabalho é analisar os diferentes prismas do desenvolvimento da Autoria da Escrita e da sua relevância na construção do sujeito sócio-histórico no contexto atual.

Primeiramente, o trabalho aborda como o meio sociocultural na visão de Vygotsky[7] influencia o processo de aprendizagem, tendo como peça-chave a mediação como produto desse meio e como esta se dá desde os primórdios da humanidade, quando ferramentas eram usadas para mediar o trabalho manual e os signos para mediar o trabalho intelectual.

O desenvolvimento do pensamento e da linguagem também será enfatizado para mostrar como o homem é inteiramente dependente desta ferramenta de mediação e como se dá a internalização da linguagem no indivíduo. Para enfatizar a internalização de processo discorre-se sobre o conceito de Vygotsky de Zona de Desenvolvimento Proximal e, logo em seguida sobre a visão de Vygotsky acerca da Linguagem Escrita que é o foco principal deste trabalho.

No primeiro tópico – O Meio Sociocultural e o Processo de Aprendizagem – situo o ser sócio-histórico e o seu processo de aprendizagem numa abordagem baseada em Vygostsky e coloco a escrita numa perspectiva de base fundamental para o sucesso do sujeito no contexto atual.

No segundo tópico – O Desenvolvimento da Autoria da Escrita: uma visão Psicopedagógica – abordo a escrita e o sujeito autor numa visão psicopedagógica, na qual autoria é sinônimo de autonomia. O texto mostra

---

[7] Lev Semionovitch Vygotsky (1896-1934) foi um psicólogo belarusso.

também que o processo de autorização está diretamente ligado ao desejo, ressaltando que a autoria da escrita é um processo ainda mais complexo e como se dá a construção do mesmo. Mais uma vez o ser sócio-histórico é enfatizado. Este tópico e o seguinte são inteiramente focados na visão psicopedagógica, mais precisamente, baseados nas teorias da Psicopedagoga argentina Alícia Fernández.

O tópico final – O Mediador no Processo de Autoria da Escrita: uma abordagem Psicopedagógica – envolve a figura do mediador no processo de autoria da escrita e a responsabilidade deste em transformar o sujeito de mero receptor em autor propriamente dito. Para sustentar a discussão dessa temática serão retomados conceitos anteriores como o da mediação e a zona de desenvolvimento proximal na perspectiva de Vygotsky e também será visto o conceito de ensinante e aprendente de Alícia Fernández para situar o papel do mediador neste processo numa abordagem psicopedagógica.

Figura 1: Vygotsky.
http://www.marxists.org/archive/vygotsky/index.gif

1. O meio sociocultural e o processo de aprendizagem

1.1. O Processo de Mediação como produto sócio-histórico

O homem é um sujeito epistêmico que se constitui fundamentalmente no contexto social, uma vez que a aprendizagem se dá na relação com o outro.

Desde a pré-história, o ser humano vive coletivamente por uma questão de sobrevivência. E foi por causa da coletividade que a humanidade começou a se diferenciar dos primatas no seu processo de desenvolvimento. Uma tribo "copiando" os métodos e costumes da outra e, assim, a civilização se desenvolveu baseada em acertos e erros cometidos anteriormente e através de processos aprimorados com o tempo. Uma civilização que nunca teve contato com outra permanece a mesma por séculos por não haver esse intercâmbio cultural e, eventualmente, pode até ser extinta por não acompanhar o processo de evolução.

O mesmo acontece com o indivíduo no seu processo de desenvolvimento. Por exemplo: uma criança supostamente criada isolada de outros humanos desde o seu nascimento, mesmo que tivesse todas as habilidades fisiológicas de fala, audição e motricidade, não teria condições de desenvolver um código lingüístico ou matemático, pois não teria o primeiro referencial, o ponto de partida para o seu desenvolvimento cognitivo. Como o jovem Kaspar Hauser, no filme de Herzog, que foi trancado até os 15 anos em cativeiro, desconhecendo toda a existência exterior, e quando foi solto nas ruas de Nurenberg não conseguia captar o mundo como faziam as pessoas que o cercavam, ou seja, decodificava o mundo à sua maneira, com uma lógica diferente da estabelecida pela sociedade da época. Referindo-se ao processo de desenvolvimento do ser humano, Vygotsky (1984:64) aponta que "todas as funções no desenvolvimento da criança aparecem duas vezes: primeiro, no nível social, e, depois, no nível individual; primeiro entre pessoas (interpsicológica), e, depois, no interior da criança (intrapsicológica)".

A criança, desde bebê, interage com outras pessoas e as imita, e conforme aprende determinada tarefa começa a aprimorá-la e a transformá-la, pois esta é uma capacidade do ser humano. Mas para que ocorressem tais transformações, foi necessária primeiramente a observação de alguém fazendo tal tarefa para que depois a criança executasse-a por si mesma. Portanto, a aprendizagem é um processo que se dá essencialmente através da medição (primeiro no âmbito social e depois no âmbito individual) como aponta Vigostsky (1984:59-60).

> ...o processo simples estímulo-resposta é substituído por um ato complexo, mediado, que representamos da seguinte forma [8]:

> Neste novo processo o impulso direto para reagir é inibido, e é incorporado um estímulo auxiliar que facilita a complementação da operação por meios indiretos.

Segundo Vygotsky esta mediação pode se dar através de instrumentos ou signos. Os instrumentos auxiliam o homem na realização de ações concretas, como, por exemplo, uma faca, que facilita a ação de cortar, descascar, ou seja, tais ações poderiam até ser

---

[8] S = Estímulo, R = Resposta, X = Elemento Mediador.

realizadas sem este instrumento, mas seu uso torna este processo mais rápido e eficaz. O mesmo se dá com os signos, só que nas ações cognitivas e psicológicas. Os signos ajudam o homem a internalizar o conhecimento. Vygotsky (1984:59-60) a respeito dos signos ressalta que:

> *A invenção e o uso de signos como meios auxiliares para solucionar um dado problema psicológico é análoga à invenção e o uso de instrumentos, só que agora no campo psicológico. O signo age como um instrumento da atividade psicológica de maneira análoga ao papel de um instrumento de trabalho.*

Os signos auxiliam o homem a desenvolver sua capacidade de aprendizagem, como a memória, criatividade, atenção, e a estabelecer relações. Para Vygotsky a linguagem é a função simbólica principal na formação das características psicológicas humanas e esta foi desenvolvida no decorrer do contexto histórico-social.

1.2. Desenvolvimento do pensamento e da linguagem

A linguagem surge a partir da necessidade que temos de nos comunicar com nossos semelhantes, e é um fenômeno essencialmente humano, à medida em que atribuímos nomes a objetos concretos, situações abstratas e conceitos que nos permitem expressar universalmente nossas idéias mesmo quando esses objetos e ações não estão presentes. O outro também entende o significado das palavras ou símbolos que usamos para nos expressar e é esta habilidade que nos difere dos animais, uma vez que podemos formular hipóteses, usar a imaginação, classificar e criar. Essas habilidades são chamadas por Vygotsky de Funções Psicológicas Superiores.

A linguagem também nos permite transmitir conhecimento de um para o outro e assim, como dito anteriormente, é um mediador entre o sujeito e o objeto do conhecimento. Vygotsky (1989:5), ao abordar a importância da linguagem, enfatiza que:

> *Na ausência de um sistema de signos, lingüísticos ou não, somente o tipo de comunicação mais primitivo e limitado torna-se possível a comunicação por meios de movimentos expressivos, observada principalmente entre os animais, é mais uma efusão afetiva do que comunicação. Um ganso amedrontado, pressentindo subitamente algum perigo, ao alertar o bando inteiro com seus gritos, não está informando aos outros aquilo que viu, mas antes os contagiando com seu medo.*

A palavra é, segundo Vygotsky, um fenômeno tanto da fala como do pensamento, uma vez que os dois estão ligados pelo contexto social, ou seja, a palavra é um signo compartilhado entre indivíduos de um mesmo ambiente sociocultural e seu conceito é compreendido tanto por quem o diz como por quem o escuta e, nesse sentido, tem um papel social (significado propriamente dito). Porém, a palavra também pode ter um significado único para uma determinada pessoa e, nesse sentido, a palavra tem um papel individual (sentido). Referindo-se ao significado da palavra, Vygotsky (1989:104) aponta que este

> ...representa um amálgama tão estreito do pensamento e da linguagem, que fica difícil dizer se trata de um fenômeno da fala ou de um fenômeno do pensamento. Uma palavra sem significado é um som vazio; o significado, portanto, é um critério da 'palavra', seu componente indispensável. Pareceria, então, que o significado poderia ser visto como um fenômeno da fala. Mas, do ponto de vista da psicologia, o significado de cada palavra é uma generalização ou conceito. E como as generalizações e os conceitos são inegavelmente atos de pensamento, podemos considerar o significado como um fenômeno do pensamento.

A palavra é também um mediador na internalização do objeto de conhecimento, pois a partir do momento em que o ser humano se desenvolve começa a substituir elementos externos de mediação (palavras faladas, símbolos, instrumentos) por internos (palavras não faladas – pensamento) e assim apropria-se do conhecimento de fora para dentro, ou seja, primeiramente socialmente e depois individualmente. Ou, nas palavras de Vygotsky, **interpsicologicamente** e posteriormente **intrapsicologicamente**.

É essa internalização (reconstrução interna das construções externas) dos símbolos, obtida através da linguagem, que faz do homem um ser sociocultural, pois cada um internalizará o conhecimento proveniente do grupo com o qual convive e isso reforça a idéia de que o homem é um produto de seu meio.

A evolução da fala (linguagem) em pensamento acontece quando a criança começa a falar alto para ajudá-la a formular planos de ações e essa verbalização que não se dirige a ninguém mais a não ser à própria criança chama-se **fala egocêntrica** (o primeiro passo da evolução do pensamento). Quando a criança não precisa mais verbalizar essas ações denomina-se esse processo de **discurso interior** e, assim, a linguagem não se dissocia mais do pensamento.

Em resumo, a linguagem é primeiramente um meio de comunicação e depois evolui em linguagem interior que culmina no pensamento, ou seja, torna-se uma ferramenta psicológica originada nas relações sociais. Nesse sentido, a linguagem ocupa um lugar privilegiado na teoria de Vygotsky.

1.3. Zona de Desenvolvimento Proximal e a Aprendizagem

Uma vez definido o homem como ser sócio-histórico e sujeito epistêmico, pode-se dizer que ele aprende imitando o que já foi feito anteriormente e aprimorando o que já foi internalizado, constituindo-se, desse modo o processo de aprendizagem. E nesse sentido, Vygotsky (1984:99) coloca que "... o aprendizado pressupõe uma natureza social específica e um processo através do qual as crianças penetram na vida intelectual daqueles que a cercam".

A aprendizagem se dá na interação do sujeito com o grupo e, no contexto sociocultural atual, se dá principalmente no ambiente escolar.

Quando a criança começa a freqüentar a escola, já passou por diversas situações e tem capacidades que domina e estão consolidadas chamadas por Vygotsky de **nível de desenvolvimento real**, o que a criança consegue realizar acompanhada ou com a ajuda de outro se chama **zona de desenvolvimento proximal** (funções que ainda amadurecerão na criança). É com este conceito de zona de desenvolvimento proximal que o professor trabalhará em sala de aula e admitindo essa perspectiva de construção futura do conhecimento o professor tem um olhar diferente em relação à capacidade intelectual do aluno. No que se refere à zona de desenvolvimento proximal, Vygotsky (1984:98) compreende que "...a zona de desenvolvimento proximal hoje será o nível de desenvolvimento real amanhã – ou seja, aquilo que uma criança pode fazer com assistência hoje, ela será capaz de fazer sozinha amanhã".

1.4. A Linguagem Escrita

Ao falar-se de aprendizagem é imprescindível discutir-se também acerca da linguagem, pois é principalmente através dela que se dá a construção do conhecimento, sobre a linguagem Smolka (*apud* Linkeis, 2004:54) aponta que esta:

> ...*mais do que um meio é um modo de (inter/oper) ação: relação com o outro, atividade mental, um modo fundamental, de significação (produção de signos, de sentidos). A linguagem tem a propriedade de remeter a si mesma, ou seja, fala-se da linguagem com e pela linguagem. Ainda, o homem fala de si, se (re)conhece, se volta sobre si mesmo pela linguagem. A linguagem nem sempre comunica, ela não é transparente; ela significa por meio do "não dito" e não necessariamente significa por meio do que é dito. Podemos dizer que ela funciona, às vezes, por si, produzindo múltiplos efeitos, múltiplos sentidos.*

É pela linguagem que o sujeito expressa suas vontades, se faz entender e também aprende e ensina. Isso se dá porque a linguagem se constitui de signos que são compreendidos, em uma determinada sociedade, tanto por quem os expressa como por seu interlocutor. A respeito dos signos Pino (*apud* Linkeis, 2004:58) sinaliza que:

> ...*o signo consiste em uma unidade tríadica, à semelhança do signo em Peirce. Nessa concepção, o signo verbal é composto pela palavra (sinal sonoro ou visual), pelo referente (aquilo a que a palavra se refere) e pelo significado (o que se diz acerca do objeto que é evocado pela palavra). Esses três elementos podem ser entendidos como uma estrutura em T3, pela qual a palavra e o referente relacionam-se por intermédio do significado. Temos então:*

Já, a linguagem escrita, apesar de expressar a mesma coisa, é mais complexa que a linguagem falada, pois demanda uma dupla decodificação, primeiro do aspecto sonoro e depois do seu significado. A escrita também não é espontânea como a falada que é estimulada pela necessidade de comunicação, ela exige uma motivação voluntária. Ao abordar a linguagem escrita Vygotsky (2000:316-317) enfatiza que:

> *A linguagem interior é uma linguagem estenográfica reduzida e abreviada no máximo grau. A escrita é desenvolvida no grau máximo. [...] Trata-se de uma linguagem orientada no sentido de propiciar o máximo de inteligibilidade ao outro. [...] A passagem da linguagem interior abreviada no máximo grau, da linguagem para si, para a linguagem escrita desenvolvida no grau máximo, linguagem para o outro, requer da criança operações sumamente complexas de construção arbitrária do tecido semântico.*

A linguagem escrita, desse modo, é um processo diferente do processo da linguagem falada, não somente por ser mais complexo, mas também porque é uma ação intelectual intencional.

O mediador entre o pensamento e linguagem escrita é a linguagem falada e à medida que este desaparece, a escrita torna-se um signo de primeira instância e assim o sujeito torna-se autor, ou seja, apropria-se do conhecimento e o transforma de acordo com as relações que estabeleceu previamente com seu ambiente cultural. A esse respeito Linkeis (2004:55) aponta que:

> *...pela linguagem falada e escrita, as sucessivas gerações de uma sociedade beneficiam-se*

das experiências dos seus antepassados, e é também por meio dela que cada nova geração compartilha, discute, resolve e aperfeiçoa a sua própria existência. Esse duplo caráter da linguagem – cultural e individual – expressa a relação dialética entre o social e o psicológico. O discurso, contudo, não é meramente representação do pensamento na linguagem, mas também uma maneira social do pensar.

O sujeito, assim, pela palavra manifesta suas diversas dimensões: a afetividade, o simbólico, o semiótico, a imaginação, a estética, entre outras.

1.5. Desenvolvimento de conceitos científicos a partir da Linguagem Escrita

Vygotsky (2000:243) salienta que:

O acúmulo de conhecimentos leva invariavelmente ao aumento dos tipos de pensamento científico, o que, por sua vez, se manifesta no desenvolvimento do pensamento espontâneo e redunda na tese do papel prevalente da aprendizagem no desenvolvimento do aluno escolar.

Depois que o indivíduo se familiariza com a linguagem escrita e faz uso consciente das palavras, é que ele está pronto para o desenvolvimento de conceitos científicos.

Quando o indivíduo internaliza uma série de funções superiores como: a memória lógica, a abstração, a comparação e a discriminação e as usa para estabelecer relações e transformar conhecimentos prévios apropriados em um conhecimento novo, ela desenvolveu seu pensamento científico, pois não são elaborados de maneira automática e sim são fruto de uma reflexão sobre conceitos já definidos no decorrer da história da humanidade.

Os conceitos científicos são formados quando o indivíduo é capaz de levantar hipóteses e usar a sua imaginação para atualizar e aperfeiçoar conceitos antigos de forma consciente e sistemática. E a respeito dos conceitos científicos, Vygotsky (2000:290) sinaliza que:

> *Os conceitos científicos – com sua relação inteiramente distinta com o objeto –, mediados por outros conceitos – com seu sistema hierárquico interior e de inter-relações –, são o campo em que a tomada de consciência dos conceitos, ou melhor, a sua generalização e a sua apreensão parecem surgir antes de qualquer coisa. Assim surgida em um campo do pensamento, a nova estrutura da generalização, como qualquer estrutura, é posteriormente transferida como um princípio de atividade sem nenhuma memorização para todos os outros campos do pensamento e dos conceitos.*

1.6. A Escrita como Meio de Interação Social no Contexto Atual

"A compreensão da linguagem escrita é efetuada primeiramente através da linguagem falada: no entanto, gradualmente essa via é reduzida, abreviada, e a linguagem falada desaparece como elo intermediário",
(Vygotsky, 1984:131)

Podemos dizer que uma das grandes "invenções" da humanidade até hoje foi a escrita, que surgiu a partir da necessidade do homem criar registros, armazenar dados, enfim, de preservar sua história. Os vestígios mais antigos da antiga Mesopotâmia datam de mais de 5.500 anos. Primeiramente a escrita era formada por ideogramas que representavam uma palavra; assim sendo, eram necessários diversos signos pictóricos para representar tantos e quantos objetos ou idéias fossem necessários.

Numa segunda fase a escrita passou a adquirir valores fonéticos e menos signos eram necessários para exprimir as idéias de um idioma.

O alfabeto surgiu a partir da decomposição da palavra em sons simples. O primeiro povo a decodificar as palavras em sons e criar signos para representá-los foram os fenícios.

A escrita então evoluiu e passou a ser alfabética, e foi o alfabeto fenício que surgiu pela primeira vez em Biblos[9] e deu origem a todos os alfabetos atuais. O alfabeto fenício expandiu-se até o Egito por meio de colônias fenícias fundadas em Chipre e no norte da África e do Egito. Este alfabeto foi expandido para as regiões que não sofriam influências fenícias diretas.

O alfabeto fenício arcaico foi o mais perfeito e difundido do mundo antigo e é anterior ao século XV a.C. Este alfabeto era constituído de 22 signos que permitiam escrever qualquer palavra, e sua expansão foi rápida devido à sua simplicidade.

Um fato importante para a nossa civilização foi a adoção deste alfabeto pelos gregos, aproximadamente no século VIII a.C. Os gregos incorporaram neste alfabeto alguns sons vocálicos, e o alfabeto grego clássico que conhecemos é composto de 24 letras, vogais e consoantes. Deste alfabeto originou-se o alfabeto etrusco, que junto com o alfabeto gótico da Idade Média (também originário do alfabeto grego clássico) deu origem ao nosso alfabeto latino, que dominou o mundo ocidental devido à expansão do Império Romano.

---

[9] Era o nome grego da cidade fenícia Gebal. Os antigos egípcios a conheciam por Keben. Existem evidências históricas que os gregos a chamavam de Biblos devido ao fato de ser por meio de Gebal que o byblos (o papiro egípcio) era importado para a Grécia. Atualmente a cidade, localizada próximo de Beirute no Líbano, é conhecida pela denominação árabe Jubayl.

Figura 2: Alfabeto fenício.
www.queendido.org/alphabet.jpg

A escrita surgiu quando o homem passou de nômade para sedentário e começou a cultivar seu alimento e criar animais, ou seja, o homem precisava de um recurso para registrar o número de animais que possuía, quanto alimento havia estocado. Mais tarde, a escrita foi utilizada para registrar os dias do ano (calendário), posteriormente começou-se a usar a escrita para registrar grandes feitos, batalhas, tratados, proclamações de governantes, casamentos, empréstimos, orações, e assim por diante. Não era necessário que pessoas comuns dominassem a escrita, pois seus ofícios não exigiam tal conhecimento. Posteriormente, obras literárias começavam a ser registradas e pessoas de classe mais alta também aprendiam a ler para ter acesso a tal conhecimento, ainda assim, dominar ou não a escrita não fazia diferença para a maioria das pessoas.

No final do século XVIII ocorrem mudanças drásticas em nossa sociedade, a revolução industrial e seus avanços tecnológicos diminuem as pequenas oficinas e dão lugar a produtos fabricados em massa, acabando com a classe de artesãos e trabalhadores rurais e dando lugar a uma classe de operários, que eram explorados até o fim da vida.

Numa tentativa de melhorar a situação e o perfil da população no final do século XIX é instaurada a escolaridade obrigatória e é a partir deste momento que a aquisição da escrita passa a ser sinônimo de sucesso.

Até o final do século XIX e início do século XX, a sociedade possuía uma hierarquia social bem definida, e o não conhecimento da escrita (analfabetismo) não era considerado uma deficiência, pois todos podiam ter acesso a ofícios que permitiam que a pessoa tivesse uma vida bem sucedida gerando conforto para si e suas famílias.

Nos dias de hoje o não conhecimento da leitura e da escrita é sinônimo de fracasso escolar e conseqüentemente do fracasso do indivíduo como ser social, uma vez que nos padrões da sociedade atual é somente através da escolaridade que a pessoa poderá vir a "ser alguém" ou seja, ter acesso a cultura, dinheiro, poder e felicidade.

Se a princípio a escrita era utilizada somente para o registro de informações importantes e era reservada a uma elite seleta, nos dias de hoje seu papel é completamente diferente e é pré-requisito básico na formação do ser. O papel da escrita na formação do sujeito é muito mais profundo do que se pensa. É a porta de entrada para a cultura, saber tecnológico, científico, erudito, etc.

Além de sua função básica utilizada no dia-a-dia, como ler nome de ruas, de ônibus, consultar listas, telefones, rótulos de produtos, revistas, jornais, a leitura também é um meio de comunicação entre as pessoas, é através dela que as pessoas se comunicam por cartas, *e-mails*, telegramas, etc. Sem um conhecimento básico da leitura e da escrita o indivíduo fica fadado ao trabalho braçal (sem desmerecer este tipo de emprego, que é tão digno quanto todos outros), que é temor da maioria dos pais atualmente. A escrita é um fator eliminatório na hora da busca por qualquer emprego.

Saber decodificar o código escrito, ou seja, ler é muito mais que atribuir significados a palavras isoladas, resumindo-se a um processo mecânico. O ato de saber ler como patamar para atingir o sucesso implica em construir conhecimento, gerar reflexões e desenvolver uma consciência crítica sobre o que é lido.

É através da leitura e interpretação de textos que se compreende os direitos e os deveres reservados às pessoas dentro da sociedade, que é possível apropriar-se de bens culturais, que se preserva e dissemina-se a história e os hábitos de um povo ou povos e como conseqüência, é também através da escrita e da leitura que são transmitidos valores sociais, morais e culturais de uma geração a outra.

A leitura também porta prazer ao sujeito, pois através da literatura (seja comédia, romance, aventura, suspense, etc.), é ativada a sua sensibilidade e em alguns casos a sua criatividade, pois quando lemos imaginamos cenários, personagens e situações. É a literatura que desperta a produção de textos nos alunos, pois escrever e tomar o caminho oposto, imaginar primeiro e transcrever depois. Quanto ao ensino da leitura e escrita, Vigotsky (1984:119) aponta que "ensina-se às crianças a desenhar letras e constituir palavras com elas, mas não se ensina a linguagem escrita. Enfatiza-se de tal forma a mecânica de ler o que está escrito que se acaba obscurecendo a linguagem escrita como tal".

Então, é de fundamental importância que a escola ensine aos alunos, não somente o aspecto formal da escrita, mas também como fazer bom uso dela e o porquê da sua importância. Os professores (sejam eles de qualquer disciplina, uma vez que a escrita e leitura são o canal principal da aquisição do conhecimento) devem estimular os alunos a compreender textos, interpretá-los, e a levantar hipóteses sobre eles. Além disso deve-se incentivar os alunos a usarem a criatividade e desenvolverem seus próprios textos, sejam eles sobre qualquer assunto. Somente desta maneira o aprendizado da escrita se dá por completo e funciona como alavanca para o sucesso em diversas áreas e desta maneira não se torna um processo maçante, mecânico e sem propósito.

2. O desenvolvimento da autoria da escrita: uma visão psicopedagógica

2.1. O Autor e o Desejo

> *"A pulsão de investigação leva o ser humano a perguntar, quando é criança, principalmente ao outro e, conforme vai crescendo, principalmente a si mesmo".*
> *(Fernández, 2001a:67)*

Ser autor implica em desejar, sobretudo, desejar conhecer. Desejar construir conhecimento. Desejar transformar o conhecimento anterior em algo novo para si e para o outro. Este desejo de conhecer é chamado de **pulsão espistemofílica** e Linkeis (1997:81) aponta que *"... a pulsão é entendida como uma força energética que está sempre se mobilizando na busca da satisfação, propor-*

cionando, assim, um prazer atravessado pela sexualidade no que se refere ao registro prazer/desprazer".

Aprender não é apenas estar consciente do novo, faz-se necessário que o sujeito internalize este novo conhecimento e se autorize a estabelecer relações com a sua história e com a história do outro, e a partir destas relações tomar este conhecimento para si para poder transformá-lo no novo, em algo que lhe tenha significado próprio, visto que deseja apropriar-se deste conhecimento. Linkeis (1997:88), neste sentido, sinaliza que: *"O sujeito ao se posicionar diante do objeto do conhecimento, não se coloca apenas como sujeito epistêmico, mas entrelaçado ao movimento desejante. O desejo, portanto, ancora o movimento da inteligência".*

Então, temos o sujeito autor. O sujeito que se autoriza a transformar dentro de si o conhecimento que recebeu do outro. A esse respeito Fernández (2001b:70) sinaliza:

> *Pensar supõe entrar nos desejos, vendo o possível e o impossível, para depois poder trabalhar na direção de fazer provável algo do possível.*

Trabalho com a noção de autor, como autor da obra e, reciprocamente, ele mesmo criado pela obra que está criando, quando sua obra mostra-lhe algo novo dele que não conhecia antes de modelá-la.

Para que esta autorização aconteça, o sujeito deve sentir prazer, deve desejar conhecer o novo. Perguntar, estar atento, refletir. De outro modo ele não se autoriza, somente guarda para si o que lhe foi transmitido. Fernández [10] nos presenteia com o texto a seguir no qual traz reflexões acerca do sujeito autor.

> *O autor, ao escrever, conecta-se com a angústia de perceber que as palavras que possui não conseguem dar conta do que quer dizer. Vem a sua mente palavras velhas para nomear o novo. E o novo está aí, ainda estranho para ele mesmo que o está gerando. E o novo está aí, ainda desconhecido para ele mesmo, quem o sabe... Ainda mais forte do que ele, mas quer e necessita nomeá-lo, para poder conhecê-lo. Além disso, a mirada do outro perguntando pode persegui-lo, inibi-lo ou animá-lo e dar-lhe coragem. Inibe quando o obriga a usar o velho, como o único e melhor possível. Persegue-o quando toma o velho por novo. Anima-o e lhe dá coragem quando lhe permite tomar emprestadas as palavras velhas para nomear o novo e, então, o autor autoriza-se a escrever, que é nomear com palavras novas o novo.*

O sujeito autor de seu pensamento deseja sempre saber mais, apropriar-se do conhecimento e transfor-

---

[10] Texto apresentado pela Professora Rita de Cássia Mercedes Brunelli Barroso Linkeis, em 14/02/2006.

má-lo em seu. O sujeito autor da sua escrita autoriza-se a usar a sua criatividade para mostrar ao outro a sua identidade e sua capacidade de criar, isso acontece, pois é movido pelo desejo. Como sinaliza Andrade (2002a:53) *"A possibilidade de pensar, de falar, de ser criativo, independente e livre, vem da articulação das dimensões desiderativa, relacional e racional que constituem o sujeito e é o que impulsiona o aprender".*

Ainda acerca do desejo de saber, Andrade (2002a:14) pontua que: *"A possibilidade de pensar é assegurada pela ignorância que permeia o saber isolando-o do conhecimento impedindo dessa forma o sintoma e a loucura".*

E é com este sujeito que trabalhará o psicopedagogo, com o sujeito que tem o potencial de tornar-se autor de seu pensamento e, conseqüentemente, de sua escrita. O psicopedagogo abrirá espaços para que o sujeito busque este desejo adormecido e sinta prazer com o processo de aprendizagem. Quanto ao papel do psicopedagogo Andrade (2002a:12) sinaliza que:

> *A Psicopedagogia não se coloca no lugar da Pedagogia no sentido de que irá trabalhar com o sujeito cognoscente, o sujeito do conhecimento, nem no lugar da psicologia/psicanálise ao trabalhar com o sujeito do inconsciente, o sujeito desejante... mas num espaço transdisciplinar que surge da fecundação entre sujeito cognoscente e sujeito*

desejante que possibilita o nascimento do sujeito aprendente.

2.2. A Autoria e a Autonomia

"A autoria de pensamento é condição para a autonomia da pessoa, e por sua vez, a autonomia favorece a autoria de pensar. À medida que alguém se torna autor, poderá conseguir o mínimo de autonomia". (Fernández, 2001a:91)

Anteriormente vimos o que significa ser autor, mas, o que significa ser autor no processo de aprendizagem do sujeito?

"Pela ação o sujeito aprendente organiza e modifica o meio construindo, conseqüentemente, o conhecimento e reconstruindo-se enquanto sujeito autor. Esse sujeito arquiteta a sua autonomia identificando e clareando os obstáculos a essa construção". (Andrade, 2002a:22)

Como Andrade (2002a) aponta acima, o autor constrói o seu próprio conhecimento e o transforma, e desse modo ele adquire autonomia no seu processo de aprendizagem. Essa autonomia significa liberdade. Liberdade de aprender da sua maneira, como lhe dá mais prazer. Liberdade de aprender como o outro, mas ao mesmo tempo da sua própria maneira, pois, tudo que lhe for ensinado será transformado de acordo com seus desejos e objetos. Ainda a esse respeito, Andrade (2002a:64) aponta que *"Reconhecer-se como autor do seu pensamento, implica numa outra etapa do desenvolvimento do sujeito, que, além de pensar e conhecer reconhece o pensamento como obra sua"*.

O sujeito autor não fica atrelado a paradigmas sejam eles da família, da escola ou da sociedade em geral, ele aceita o conhecimento do outro, porém, transforma-o em algo seu. E nesse sentido Fernández (2001a:90) coloca: *"Definirei a autoria como o processo e o ato de produção de sentidos e do reconhecimento de si mesmo como protagonista ou participante de tal produção"*.

Já o sujeito que não é autor e não toma o conhecimento para si, não faz uso dele e nem o compartilha, pois não o internaliza. Para este sujeito, o conhecimento pertence ao outro e, então, o sujeito está fadado a viver através de moldes e da permissão do outro para obter conhecimento. É um sujeito que só verá o mundo através do olhar do outro, e não com seus próprios olhos. Este sujeito dificilmente fará reflexões sobre o mundo, apenas o aceitará como o dizem que é. Não será um sujeito criativo nem livre. A esse respeito, Fernandez (2001b:126) sinaliza que *"Não há uma alteração do pensar, mas um movimento defensivo exitoso, no qual é evitado o contato com o próprio pensar... Isso dará lugar ao mecanismo de evitação: evitar tomar contato com o objeto do conhecimento...*

2.3. A Autoria da Escrita e a Aprendizagem: construção do conhecimento

> *Diferentemente de respirar ou de outra função orgânica que vem programada de modo instintivo, [...] escrever e os demais conhecimentos requerem uma aprendizagem. É precisamente por isso que os processos de aprendizagem são construtores de autoria. O essencial do aprender é que ao mesmo tempo se constrói o próprio sujeito.*
> (Fernández, 2001a:31)

Conforme visto no primeiro tópico, a construção da escrita é um processo mediado pela fala e, portanto, é um processo mais complexo, pois exige uma motivação extra, uma vez que a fala é espontânea e a escrita não, esta supõe submissão às leis gramaticais. A escrita não é espontânea, primeiramente, porque exige uma dupla codificação: significado – signo(som) – representação gráfica(escrita), depois, porque não há um interlocutor para quem se produz.

Atualmente, vivemos em uma sociedade letrada, cuja principal ferramenta de transmissão do conhecimento é a escrita e se o sujeito falha na aprendizagem dessa ferramenta, possivelmente falhará na construção de outros conhecimentos, já que a leitura e a escrita são as principais vias de acesso à cultura e a defasagem do sujeito nesse processo interfere em sua constituição enquanto ser social.

A problemática da construção da escrita não termina em sua decodificação, vai muito além. O que fazer com este código lingüístico? Ele não é apenas um instrumento de registro, a escrita é, principalmente, o meio pelo qual o sujeito ressignificará seus conhecimentos anteriores e construirá novos conhecimentos. Quanto a importância da construção do conhecimento, Linkeis (1997:83) aponta que *"Ao se defrontar com novas aprendizagens o sujeito se posicionará frente ao objeto de conhecimento, de forma a ressignificar seus registros. A busca pelo objeto perdido (prazer original) vai delineando a construção do conhecimento"*.

A escrita no processo de aprendizagem (construção do conhecimento) é fundamental para que o sujeito se comunique, para que ele expresse seu conhecimento, ou seja, para que ele produza sua própria obra, transformada de acordo com a sua visão reflexiva do mundo e nesta produção marque a sua identidade. Como aponta Fernández (2001a:97):

> *Trabalhamos com a noção de autor, como autor da obra e reciprocamente como ele mesmo sendo criado pela obra que está criando. Esse autor é produzido quando se reconhece criando e quando a sua obra mostra a ele mesmo algo novo dele que não conhecia antes de plasmar sua obra.*

Andrade (2002b:20) também sinaliza que *"O sujeito da Psicopedagogia surge fecundado pelo conhecimento, num organismo herdado e num corpo constituído, que articulados formam o sujeito que conhece, pensante, autor do pensamento: o aprendente".*

Ainda acerca da produção escrita, há que se considerar que como todo o processo de construção do conhecimento, este também é um processo singular do indivíduo e deve ser tratado desta maneira pelo ensinante que abrirá caminhos para que este sujeito à sua maneira descubra seu estilo de escrever e o faça de maneira reflexiva. Linkeis (1997:93) aponta que *"O saber escolar relaciona-se, portanto, com o saber sobre o desejo. O trabalho da cognição é tecido por um movimento pulsional... A maneira singular de ir buscar o conhecimento é o que marca o estilo de cada aprendente".*

Mais adiante veremos, porque é imprescindível que haja uma conscientização sobre o papel da escrita (não somente a produção de códigos, mas também uma escrita reflexiva) na construção do conhecimento e neste sentido, Fernández (2001b:61) aponta que *"O mais importante que o sujeito autor produz não é conhecimento para si, mas a transformação neles e naqueles que o circundam".*

2.4. A Escola e a Autoria da Escrita

A escola que se propõe a desenvolver um sujeito autor necessita de um embasamento didático-científico, no conhecimento do ser humano, oferecendo a seus alunos o direito de se apropriar desse conhecimento; não somente pelo que contém, mas pelo significado que este representa. (Andrade, 2002a:82)

A linguagem escrita é o principal meio de inserção social na sociedade atual. Como coloca Lacan (*apud* Andrade, 2002b:47) *"...Letra é o suporte material que o discurso concreto toma da linguagem...a estrutura essencialmente localizada do significante."*

Apesar de conseguir se expressar e obter suas necessidades básicas através da fala, é somente através da linguagem escrita que o sujeito conseguirá um lugar na hierarquia cultural atual, o que não era necessário há alguns séculos, como vimos no tópico anterior. Sobre o papel da palavra, Linkeis (2004:58) aponta que esta confere *"uma significação à imagem do objeto, permitindo relacionar o real das coisas à ordem simbólica, isto é, à ordem das representações, o que lhe possibilita tornar-se pensável e comunicável. Reside aqui, portanto, a função dos signos".*

Hoje a porta de entrada para aquisição desse código lingüístico é a escola, onde a criança com o código falado já consolidado pela interação com a família, aprenderá a linguagem escrita, que futuramente será requisito básico para seu acesso a cultura, melhores empregos, *status* social, etc., ou seja, requisito básico para seu sucesso como indivíduo. A esse respeito Cordiè (*apud* Fernández, 2001b:34) assinala que:

> ... *O fracasso escolar é uma patologia recente. Apareceu recentemente com a instauração da escolaridade obrigatória nos finais do século XIX e adquiriu uma importância considerável entre as preocupações de nossos contemporâneos devido à mudança radical da sociedade. Também, neste caso, não é somente a exigência da sociedade moderna a que engendra os problemas como se pensa com freqüência, mas um sujeito que expressa seu mal-estar na linguagem de uma época em que o dinheiro e o êxito social são valores predominantes...*

Apesar da linguagem escrita possuir destaque e importância no presente contexto, uma das queixas mais constantes no setor da educação é o não letramento dos alunos. Muitas crianças passam pela escola sem internalizar este código, e pior do que isso, muitas crianças e adolescentes que conseguiram passar pelo grande desafio de aprender a ler e a escrever, não conseguem transformar a leitura e a escrita em ferramenta de comunicação e autorização, e assim a escrita muitas vezes é apenas um instrumento de cópia de informações que não acrescenta nada nem ao sujeito e nem à sociedade. E é nesse sentido que a escola tem que cuidar para que seu papel seja mais do que de mero decodificador e sim de autorizador, como destaca Orlandi (*apud* Fernández, 2001a:97):

> *O sujeito só se faz autor se o que produz for interpretável; ele inscreve sua formulação no interdiscurso, historia seu dizer... Porque assume sua posição de autor (se representa nesse lugar), produz um fato interpretativo. Aquele que só repete (exercício mnemônico) não o consegue.*

A escrita na escola, na universidade e futuramente no mercado de trabalho, tem a função de transmitir pensamentos, transmitir o que o sujeito aprende, interpreta e transforma, na verdade é a escrita que legitima o sujeito como autor. Autor de seus pensamentos, de suas idéias e reflexões. E é na escola que o sujeito deve autorizar-se a pensar e, conseqüentemente a escrever e é esse o papel da escola e de seus ensinantes: permitir ao sujeito que este busque a sua identidade, e nesse sentido, Pain (*apud* Andrade, 2002a:82) aponta que *"Permitir à criança apropriar-se de um conhecimento é permitir-lhe fortificar seu ego, na medida em que ela pode se constituir em uma personalidade mais segura, mais dominante e mais responsável"*.

É a partir da autoria escrita que se dá o processo de desenvolvimento intelectual do sujeito, é a partir deste ponto que o sujeito começa a ter sucesso na sua vida sociocultural, e a esse respeito, Fernández (2001a:79) sinaliza:

> *Tal urgência também se relaciona ao que nossa sociedade reclama cada vez mais, o êxito profis-*

sional, associando-o – de modo lamentável – à realização da pessoa como tal. É na escola, na universidade e na atividade de trabalho, no espaço público onde se põe à prova a capacidade intelectual das pessoas.

É o ensinante, seja ele o professor, o educador ou psicopedagogo, quem tem o papel de analisar situações isoladas (levar em consideração a singularidade do indivíduo) para assegurar ao futuro sujeito autor o direito de inscrever-se na sociedade. Sendo a escola a instituição onde, provavelmente, se desenvolverá a autoria da escrita do indivíduo, cabe a ela buscar profissionais capacitados ou capacitar profissionais para que esta missão seja cumprida. Quanto ao papel do psicopedagogo na instituição escolar Andrade aponta que este deve:

...analisar as relações transferenciais estabelecidas entre professores/alunos, educadores/ educandos e assim fazendo analisar as posições subjetivas ensinante/aprendente, a partir da identificação dos tipos de vínculos reeditados e que demandam modalidades de aprendizagem específicas, favorecendo, com sua atuação, que as intervenções dos professores possam se tornar mais eficazes. (Andrade, 2002a:17)

A autoria da escrita marca o papel do sujeito como ser social como veremos no próximo item.

2.5. O Sujeito sócio-histórico e a Autoria da Escrita

A fala construída na relação com a história e a cultura, e expressa pelo sujeito, corresponde à maneira como este é capaz de expressar/codificar suas vivências que se processam em sua subjetividade. (Aguiar *apud* Linkeis, 2004:55)

Como visto anteriormente, o homem é um ser sócio-histórico, cuja aprendizagem se dá na medição com o outro e é um produto da sociedade onde vive. Esse ser sócio-histórico pode ser o sujeito autor e essa autoria também se dá na construção do conhecimento através da mediação do outro e assim está integrado ao seu ambiente. Quanto a esta relação do sujeito autor com a sociedade, Andrade (2002b:73) aponta que:

Um sujeito autor é constituído pela articulação entre o sujeito cognoscente e o sujeito desejante sobre o organismo herdado, inter-relacionando-se com o corpo. Então o aprender resulta desta simultaneidade presente no sujeito.
Um sujeito constituído pelo organismo, pelo corpo, por uma estrutura cognoscente e por uma estrutura simbólica, que, articulados, formam o sujeito que aprende, que se apropria do conhecimento e que se relaciona consigo e com o mundo. (Andrade, 2002b:73)

O conhecimento é internalizado através de ações externas, ou seja, através da interação, o conhecimento não é construído sozinho, ele acontece no sujeito porque também já aconteceu na sociedade. Como aponta Molon, (*apud* Linkeis, 2004:57).

O sujeito é constituído pelas significações culturais, porém a significação é a própria ação, ela não existe em si, mas a partir do momento em que os sujeitos entram em relação e passam a significar para o sujeito e o sujeito penetra no mundo das significações quando é reconhecido pelo outro.

A escrita reflexiva, ou seja, a escrita autorizada pelo sujeito, tem seu papel sócio-histórico, pois deixa impressos pensamentos, reflexões e teorias que servirão de mediadores para a construção do conhecimento do outro. É através do sujeito que se reconhece como parte do processo histórico-cultural de seu meio, o conhecimento é transmitido para futuras gerações, e é assim que se dá o processo ensino-aprendizagem, um sujeito que aprende virá a ser um sujeito que ensina e desta maneira o ciclo se renova a cada dia. Quanto a autoria na construção do conhecimento, Fernández (2001b:68) ressalta:

Aprender supõe um reconhecimento da passagem do tempo, do processo construtivo, o qual

remete, necessariamente a autoria. A instantaneidade característica do mundo atual, pode colocar-nos em um mundo de produtos descartáveis e adquiríveis. O conhecimento não é um nem o outro.
Aprender supõe, além disso, um sujeito que se historia. Historiar-se é quase sinônimo de aprender, pois sem esse sujeito ativo e autor que significa o mundo, significando-se nele, a aprendizagem irá converter-se na memória das máquinas, ou seja, em uma tentativa de cópia.

A escrita autorizada perpetua por gerações e diferentemente da linguagem falada, pode ser imortalizada por publicações e tais escritos são transmitidos a outros sujeitos que por sua vez também os transformarão e produzirão conhecimentos novos através dos antigos. É por isso que a palavra escrita supera a falada quando tratamos do processo histórico da formação do sujeito autor, no que se remete a palavra, Linkeis (2004:71-72) cita que por esta:

> *... (oral, escrita, ou substituto dela) o saber constitui-se e circula entre as pessoas, e dessa forma, constitui-se a significação. Pensando assim, o processo ensino-aprendizagem é o lugar da palavra, lugar em que os sujeitos aprendentes e ensinantes falam. O processo*

> *de ensino-aprendizagem, então, constitui-se em um terreno privilegiado no qual elementos subjetivos se manifestam. A construção do conhecimento não é apenas da ordem acadêmica, teórica, técnica, objetiva, mas também pessoal, simbólica, subjetiva.*

No presente tópico abordou-se o desenvolvimento da autoria escrita no sujeito e como esta autorização é importante para que este sujeito seja livre, ou seja, tenha autonomia para aprender, transformar e construir conhecimento. Também foi destacada a importância da escrita no contexto sociocultural atual, não somente como um mero código lingüístico, mas como um meio de autorização do sujeito e como meio deste sujeito marcar sua identidade na sociedade em que vive.

No próximo tópico será discutido o papel do mediador no processo da autoria da escrita.

3. O mediador no processo de autoria da escrita: uma abordagem psicopedagógica

3.1. A Autoria e o Mediador/Ensinante

No primeiro tópico do presente trabalho foi abordada a visão de Vygotsky sobre o papel do mediador no processo de aprendizagem do indivíduo sócio-histórico.

Sabe-se que os signos são os principais mediadores no processo de desenvolvimento do pensamento (ações cognitivas e psicológicas) e da linguagem, assim como as ferramentas que medeiam e facilitam o trabalho manual (concreto) na sociedade. Vygotsky também aponta que a aprendizagem sempre se dá no contato (mediação) com outro, uma vez que esta é a natureza do ser sócio-histórico.

Neste tópico será abordada a mediação numa visão psicopedagógica, ou seja, a relação *ensinante* e *aprendente* (temos o ensinante como mediador do processo de aprendizagem e autoria e o ensinante é aquele que aprende). Vale salientar que os termos *ensinante* e *aprendente* foram designados por Fernández (2001b) para representar os dois modos subjetivos de posicionamento frente a aprendizagem, numa mesma pessoa, não sendo necessariamente o *ensinante* o professor e o *aprendente*, o aluno. Portanto, uma mesma pessoa pode ser ora *ensinante* e ora *aprendente* dependendo da posição em que se encontra no processo de aprendizagem, sendo esta o vínculo entre quem ensina e quem aprende. No que diz respeito aos termos ensinante e aprendente, Fernández (2001b:53) aponta que:

> *As palavras ensinante, aprendente...estou atribuindo o valor de conceitos não equivalentes a aluno e professor. Estes últimos fazem referência a lugares objetivos em um dispositivo pedagógico, enquanto aqueles indicam um modo subjetivo de situar-se...Os estudos de pedagogia... como os da psicologia e os da psicanálise...não dão conta dos posicionamentos singulares diante do conhecer e do aprender.*

Quando há a mediação no processo de desenvolvimento de autoria se faz necessário que o *ensinante* seja ele próprio autor de seu pensamento e linguagem, não porque ele transmitirá a autoria de pensamento ao *aprendente*, mas porque ele abrirá caminhos para o *aprendente* reconhecer desejo de ser autor de seus pensamentos e futuramente o desejo de ser autor da linguagem escrita. A esse respeito, Andrade (2002a:15) sinaliza que "...*o ensinante não é o sujeito que sabe, nem pode ser o sujeito do saber, ele deverá ocupar a posição de suposto saber, re-conhecendo o desejo de conhecer no sujeito aprendente*".

Uma pessoa que não se autoriza pensar e a escrever não conseguirá ensinar o outro, pois que o outro constrói seu conhecimento espelhando-se num modelo já visto. A respeito da autoria do ensinante Fernández (2001b:30) aponta que "*para autorizar-nos a ensinar, devemos fazer-nos autores [...] acreditar em nós. Olhar o valor que tem o que fazemos, apropriarmos da singularidade que possuímos... Fazer-nos autores de nossos pensamentos*".

O papel do mediador/ensinante é fundamental no desenvolvimento da autoria do sujeito social uma vez que ele só construirá sua autoria através da mediação, e essa autoria se dará através da transformação não só do *aprendente*, mas também do *ensinante*, ou seja, uma transformação mútua e é por isso que seja o professor, o pai, a mãe ou o psicopedagogo deve ter consciência que ele também tem que ser um autor se deseja ensinar o sujeito que está construindo seu conhecimento. Quanto ao papel do ensinante Andrade, aponta que:

Quando o sujeito investe o outro de desejo, permite ao outro a expressão, apresenta um movimento mostrar-guardar para despertar no outro o desejo de buscar, compartilha um saber já existente e assimila outros saberes, cria um espaço de liberdade, de confiança e criatividade onde o outro possa ousar experimentar, possa assumir a ignorância e a partir dela buscar o conhecimento, ele se constitui um ensinante.

3.2. Ensinante e Aprendente – uma relação dialética

"*O ensinante precisa saber neutralizar a importância de sua figura e, para isso, precisa estar medianamente seguro de si mesmo e ter seus próprios projetos, ou seja, não depender de seu aprendente ou do êxito de seu aprendente para sentir-se feliz*".(Fernández, 2001a:33)

O papel do *ensinante* no desenvolvimento da autoria do sujeito *aprendente* não é o de detentor do conhecimento e nem daquele sem o qual o sujeito não aprenderá. O *ensinante* é aquele que trará modelos ao *aprendente*, que mostrará que existem relações que podem ser estabelecidas entre o que já se sabe e o que se aprenderá, e não necessariamente entregará ao *aprendente* um produto pronto e embrulhado como um presente do qual se orgulhará de ter dado. Como Fernández (2001a) cita anteriormente, o *ensinante* deve deixar de lado o paradigma de que o *aprendente* depende dele para aprender, e autorizar-se a ensinar, para que o sujeito da aprendizagem se autorize a aprender e se autorize a transformar o conhecimento mostrado pelo *ensinante* para que dessa forma o tome como seu. Esse sim é o papel do *ensinante*, aquele em quem o *aprendente* se espelha sem necessariamente depender dele, aquele em quem o *aprendente* confiará para seu guia no processo de aprendizagem. O ensinante deve ser livre para que o aprendente siga essa liberdade como modelo, como sinaliza Fernández (2001a:62-63):

> *O conhecimento não pode ser transmitido diretamente em bloco. O ensinante transmite-o através de um signo. É necessário um modelo, um emblema do conhecimento. Escolhe-se uma situação, faz-se um recorte, transmite-se conhecimento e também ignorância. Além disso, não se transmite na verdade, conhecimento, mas sinais desse conhecimento para que o sujeito possa, transformando-o, reproduzi-lo. [...] Não aprendemos com qualquer um, aprendemos com aquele a quem outorgamos confiança e direito de ensinar.*

A relação entre o ensinante e o aprendente é dialética, pois a aprendizagem é um processo que envolve sempre o sujeito e o outro numa relação de troca, num caminho sempre de ida e volta. O *ensinante* também aprende e o *aprendente* também ensina para que haja uma transformação e então a autorização propriamente dita, e nesse sentido Fernández (2001b:60) aponta que: *"um sujeito constitui-se como autor (processo que é um contínuo, nunca acabado e iniciado inclusive antes do nascimento) a partir da mobilidade entre seus posicionamentos ensinantes e aprendentes"*. Neste sentido Andrade, (2002a:81) também sinaliza que *"Este sujeito aprendente posiciona-se como um ensinante, ou seja, aquele que detém um conhecimento próprio, que é elaborado a partir de sua subjetividade, transmitido ao outro por meio de seu conhecimento, como forma de construir a autoria de pensamento"*.

Para que o *ensinante* tenha sucesso no seu papel de mediador no processo de desenvolvimento da autoria do *aprendente* deve deixar esse canal dialético sempre aberto, para que não espere somente que esse sujeito *aprendente* absorva o conhecimento e o reproduza, mas também deve levar em consideração que seus próprios paradigmas podem ser quebrados pelo *aprendente* que também construirá conhecimentos novos a partir das experiências do aprendente. Se o ensinante não estiver aberto para a autoria o aprendente também não estará, haja visto, a relação dialética do processo ensino/aprendizagem. Quanto a esse aspecto, Fernández (2001b:61) ressalta que *"O sujeito autor da criança, a partir de onde aprende, só se potencializa quando deixa aparecer em si o sujeito ensinante da criança, ou seja, quando a mãe ou o pai deixam-se afetar pelo sujeito ensinante filho ou filha".*

3.3. A Zona de Desenvolvimento Proximal e o Desenvolvimento da Autoria

"O ato de aprender sempre pressupõe uma relação com outra pessoa, a que ensina [...] aprender é aprender com alguém".
(Kupfer *apud* Linkeis, 2004:69).

Como visto anteriormente com Vygotsky e reforçado acima por Kupfer, a aprendizagem do ser sóciocultural se processa no contato com outro. Também lembrando do conceito de Vygotsky da Zona de Desenvolvimento Proximal, tudo que o sujeito é capaz de fazer com o auxílio do outro também poderá realizá-lo sozinho em algum momento.

E com o desenvolvimento da autoria escrita, acontece a mesma coisa? É importante ressaltar que ser autor, não é somente realizar tarefas com sucesso, é um caminho mais complexo.

O sujeito pode aprender a ler e a escrever, seguindo modelos utilizados pelo professor, pode aprender a fazer contas desta maneira e muitas outras coisas. Mas autorizar-se a escrever demanda muito mais do que apenas copiar modelos.

O mediador do processo de desenvolvimento da autoria escrita, ou seja, o *ensinante*, deve aproveitar as habilidades já adquiridas pelo *aprendente* e lançar a este novas tarefas, tarefas desafiadoras que estimulem a atividade intelectual. Atividades que criem condições para que o *aprendente* se autorize a pensar e a expressar seus pensamentos na linguagem escrita, pensamentos estes diferentes do pensamento do outro, já transformados e apropriados pelo *aprendente*, pensamentos esses que o *aprendente* deseje compartilhar com a sociedade. Na visão de Fernández (2001b:61) *"O aluno constrói (transforma) os conhecimentos que incorpora (de que se apropria), mas, por sua vez, transforma a situação educativa e o professor e/ou seus companheiros para poder apropriar-se de seu sujeito autor"*.

3.4. O Mediador/Ensinante e o Desejo

É impossível falar-se de autoria sem referir-se ao desejo. A autoria da escrita vem do desejo do autor de fazer seus pensamentos conhecidos pela sociedade na qual está inscrito, e cabe ao *ensinante* abrir espaços para que este desejo surja no aprendente, a este respeito Fernández, (2001a:55) sinaliza que:

> *A psicopedagogia tem como propósito abrir espaços objetivos e subjetivos de autoria de pensamento; fazer pensável as situações, o que não é fácil, já que o pensamento não é somente produção cognitiva, mas é um entrelaçamento inteligência-desejo, dramatizado,*

representado, mostrado e produzido em um corpo (escrita).

Afim de que sujeito torne-se autor a posição do *ensinante* perante o *aprendente* deve ser realmente de mediador, mas um mediador que não se limite a fazer com que o *aprendente* imite ou repita seus atos e sim um mediador que faça com que o *aprendente* ouse, ouse criar, ouse transformar o conhecimento.

O *ensinante* deve quebrar os paradigmas do *aprendente* e orientá-lo a desenvolver sua criatividade e a expressá-la na escrita, para que seus pensamentos fiquem registrados para futuras gerações.

Muitas pessoas apesar de serem autoras de seus pensamentos, não o são da sua escrita, porque esta está diretamente condicionada a códigos gramaticais, e é o *ensinante* que as auxiliará a dominar este código que também não passa de um mero instrumento de mediação.

É o que se espera das escolas (também mediadoras), que a escrita não seja tratada como um instrumento de cópia ou de retrato da sociedade, mas como um instrumento de interlocução de autoria, de transmissão de novos conhecimentos, que integram o sujeito à sua sociedade.

É o *ensinante* que abrirá espaços para o *aprendente* desejar saber mais e de mostrar ao mundo o conhecimento do qual se apropriou de maneira diferente, com relações sobre seu cotidiano e sua identidade refletidas.

Considerações finais

O contexto atual da nossa sociedade globalizada compartilha informações essencialmente por meio da linguagem escrita, portanto, o não conhecimento deste código implica na exclusão social.

Atualmente no Brasil, há diversos programas educacionais que focam na alfabetização de crianças, jovens e adultos. Mas somente decifrar um código não é suficiente e isso ainda não foi resolvido no nosso sistema educacional como um todo. Apenas ler e escrever não livra o sujeito da exclusão social.

O problema do sujeito letrado, porém, que não é autor é tão grave que grande parte dos poucos jovens brasileiros que chegam à universidade não conseguem entender os temas propostos e muito menos dissertar sobre eles, vale salientar que este não é um problema apenas de alunos que freqüentaram a rede pública de ensino. É um problema geral. Este problema se estende ao mercado de trabalho, pois temos mão-de-obra que vem do curso superior ocupando cargos de profissionais que necessitariam apenas do ensino médio, pois cargos de liderança são ocupados por pessoas autoras de seu pensamento e linguagem. E são essas pessoas que não estamos conseguindo formar.

Se há algumas décadas saber ler e escrever dava uma perspectiva maior de sucesso para o indivíduo, hoje é apenas o mínimo para que esta pessoa conviva em nosso meio.

Penso que não seja utópico pensar que uma grande reforma no nosso sistema de ensino, começando por uma macroestrutura sociopolítica e aos poucos implementando essa reforma na microestrutura escolar, mudaria o destino de nosso país.

Porém, o intuito deste trabalho foi apenas ampliar a visão do indivíduo que medeia a relação do sujeito epistêmico com a aprendizagem, mais especificamente com a aprendizagem da linguagem escrita.

Em resumo, o mediador/ensinante deve ter em mente qual a real importância da linguagem escrita no processo de aprendizagem do indivíduo e mais ainda da importância da escrita na formação do sujeito autor.

A escrita deve ser internalizada como uma ferramenta que auxiliará o sujeito a expressar o conhecimento o qual se autorizou a aprender e inserir nesses escritos a sua identidade e as relações que conseguiu estabelecer no decorrer de sua história.

É o mediador/ensinante que sempre considerando a singularidade de seus aprendentes mostrará portas e caminhos apropriados para que cada um encontre a sua maneira de inscrever-se na sociedade através da escrita.

Não se deve mais pensar na alfabetização pela alfabetização, apenas para gerar dados estatísticos para governantes e sim se deve abrir caminhos para que o indivíduo realize uma escrita crítica e reflexiva, ou seja, produza novos pensamentos e disseminá-los para futuras gerações, deixar a sua marca e imortalizar a sua identidade e desta forma a identidade de sua cultura. Sempre levando em consideração que o sujeito autor é um sujeito livre.

Referências bibliográficas

ALVES, Maria Dolores Fontes & BOSSA, Nádia. *Em busca do sujeito autor.* Disponível em: <http://www.psicopedagogia.com.br>. Acesso em 28/03/06.

ANDRADE, Márcia Siqueira (org). *O prazer da autoria: a psicopedagogia e a construção do sujeito autor.* São Paulo: Mimeo, 2002 a.

_____. *A escrita inconsciente e a leitura invisível: uma contribuição às bases teóricas da psicopedagogia.* São Paulo: Mimeo, 2002 b.

BEAUCLAIR, João. *O fio como conhecimento e a rede como suporte: processos de autoria de pensamento como estratégia de inclusão.* Disponível em: < http://www.abpp.com.br>. Acesso em 28/03/06.

BULBOVAS, Adriana. *Escrever e inscrever-se – uma reflexão sobre a leitura e a escrita como um processo de construção e inscrição*. 1998, 44f. . Monografia (Especialização *Latu Sensu* em Psicopedagogia). Pontifícia Universidade Católica, São Paulo.

CORDIÉ, Anny. *Os atrasados não existem: psicanálise de crianças com fracasso escolar*. Porto Alegre: Artmed, 1996.

FERNÁNDEZ, Alícia. *O saber em jogo: a psicopedagogia propiciando autorias de pensamento*. Porto Alegre: Artmed, 2001 a.

_____. *Os idiomas do aprendente: análise das modalidades ensinantes com famílias, escolas e meios de comunicação*. Porto Alegre: Artmed, 2001 b.

GARCEZ, Lucila Helena do Carmo. *A interação e os modos de participação dos interlocutores na construção do texto uma identidade em construção*. 1996, 221f. Tese (Doutorado em Psicologia da Educação). Pontifícia Universidade Católica, São Paulo.

HERZOG, Weer. *Jeder für sich und gott gegen alle*. Alemanha: ZDF Produções (Original: Cada um por si e Deus contra todos. Traduzido como: O enigma de Kaspar Hauser), 1974.

HIGOUNET, Charles. *História Concisa da Escrita*. São Paulo: Parábola, 2003.

LINKEIS, Rita de Cássia Mercedes Bruneli Barroso. *A constituição da Subjetividade de Professores Universitários de Instituições Privadas: Uma Abordagem Sócio Histórica*. 2004, 174f. Dissertação (Mestrado em Psicologia). Universidade São Marcos, São Paulo.

_____. *Um olhar psicopedagógico sobre o cenário da aprendizagem: Da história pessoal do educador à singularidade do movimento desejante da construção do conhecimento*. 1997, 177f. Monografia (Especialização *Latu Sensu* em Psicopedagogia). Pontifícia Universidade Católica, São Paulo.

OLIVEIRA, Marta Kohl. *Vygotsky: Aprendizado e desenvolvimento um processo sócio-histórico*. São Paulo: Scipione, 1995.

REGO, Tereza Cristina. *Vygotsky: Uma perspectiva histórico-cultural da educação*. Petrópolis: Vozes, 2004.

VYGOTSKY, Lev Semionovich. *A formação social da mente*. São Paulo: Martins Fontes, 1984.

_____. *Pensamento e Linguagem*. São Paulo: Martins Fontes, 1989.

_____. *A construção do pensamento e da linguagem*. São Paulo: Martins Fontes, 2000.

Interfaces da ciência: mito, religião, poder e educação

Diamantino Fernandes Trindade

1. Introdução

A História é a mais fundamental de todas as ciências, pois não existe conhecimento humano que não perca seu caráter científico quando o homem se esquece das condições nas quais o conhecimento se originou, as perguntas que respondeu e as funções para as quais foi criado.

Erwin Schrödinger

Nos últimos anos, a Física tem nos apontado que, sob a aparente diversidade, o Universo formou-se a partir de uma matéria única. Para os gregos antigos era *chaos*, a matéria primordial da qual tudo se originou pela intervenção de Eros. Os alquimistas de todas as épocas chamam-na Matéria-Prima, representada pelo *ouroboros* – uma serpente mordendo a própria cauda –, símbolo hermético da continuidade das transformações graduais da matéria e do iniciado na Grande Arte.

Figura 3: Ouroboros.
Atalanta fugiens, Openhein, 1618.

A questão sobre a origem do Universo consome anos de estudos e exaustivas investigações por parte dos cientistas e se constitui em um dos campos mais especializados da cosmologia, contudo, tal conhecimento, sob um ponto de vista mais próximo ao das nossas necessidades, não interfere nem modifica nossas curtas existências. Nossa imaginação não é capaz de se reportar a um tempo tão distante, portanto vazio de qualquer significado. Então, qual o sentido de tais estudos por parte da Ciência que se caracteriza por um método fundado na objetividade e racionalidade? Por que esse conhecimento transcende a esfera do domínio científico e fascina a tantos?

Outro assunto que instiga a mente dos estudiosos é o da constituição da matéria. Por algum tempo, água, terra, fogo ou ar pareciam ser respostas satisfatórias para alguns; para outros, tudo era formado por átomos. Entretanto no final do último século, novos olhares para as velhas dúvidas tornaram-se necessários e os físicos realizaram um sonho dos antigos gregos, a sugestão de que, sob a diversidade das aparências, o mundo é uma só substância. Por mais aceitável que esta descoberta possa ser para os filósofos, é profundamente penosa para os cientistas, por não compreenderem a natureza desta substância. *Se a substância quântica é tudo o que existe e se não entendemos esta substância, nossa ignorância é completa.*[11]

Estas perguntas talvez ocultem outra, mais secreta: o Universo é fruto do acaso ou há algum indício de que ele surgiu da vontade de um Ser supremo que

---

[11] Nick Herbert. **A realidade quântica**, p. 121.

dirige todas as coisas? Desde as épocas mais remotas, o homem procura conhecer sua origem e o seu fim. Tal necessidade, a de buscar um sentido, como significado e direção, para sua vida bem como para a existência do Universo, encontra-se nos mitos de criação de todas as sociedades.

Diferentemente da linguagem analítica e racional da ciência moderna, os mitos são expressos em uma linguagem analógica e simbólica que permite as conexões, as significações, as associações, a afetividade, e é a mais apropriada quando buscamos o sentido das coisas e da existência. No entanto, a própria Ciência a ela recorre quando lança mão de expressões como *seleção natural, big bang, leis da natureza*. Assim, quando um cientista se propõe a responder com teorias, questões que se relacionam com sentido da vida humana, invade, mesmo que não tenha consciência, o campo do mito.

É interessante notar que foi no bojo da Ciência, tida como essencialmente racionalista e objetiva, que as noções de complementaridade, interdependência e subjetividade, inerentes à linguagem simbólica, ressurgiram, especialmente dentro da mecânica quântica e da teoria da relatividade. Sem poder abrir mão daquilo que a sustenta – sua divisão disciplinar, a organização, suas normas e os seus limites – a Ciência começou, recentemente, a incluir em sua perspectiva esses valores, dela excluídos para se constituir. A partir daí, passamos a considerar o Universo como uma teia de eventos, levando em conta todas as suas interfaces: *a imagem do Universo como uma máquina tem sido substituída pela de um todo interconectado, dinâmico, cujas partes têm de ser entendidas como padrões de um processo cósmico.*[12]

Em que pese muitos ainda acreditarem que há um fosso intransponível entre os mitos religiosos e a Ciência, ambos se estruturaram na mesma necessidade, a de explicitar e conferir um sentido à vida humana. A busca e a sistematização do saber parecem ter motivado nossa espécie desde seu aparecimento, e cada sociedade, desde cedo, tentou organizar um conjunto de explicações para justificar os mistérios da natureza, da vida e da morte, expressando-os no que chamamos de mitos.

A religião e a filosofia tornaram-se meios importantes para significar a vida individual e social. A arte continua a revelar aspectos do inconsciente e da situação humana. A Ciência, tomada como um conjunto ordenado de conceitos e técnicas, que visa à compreensão do mundo e suas relações, é mais uma linguagem, um instrumento desta busca. No entanto, no mundo ocidental, adquiriu um caráter hegemônico, com a pretensão de ser seu único critério.

A ciência moderna não é a única explicação possível da realidade e não há sequer uma razão cien-

---

[12] Fritjof Capra. **O ponto de mutação**, p. 234.

tífica para considerá-la melhor que as explicações alternativas da metafísica, da astrologia, da arte ou da poesia. A razão por que hoje privilegiamos uma forma de conhecimento assente na previsão e no controle dos fenômenos nada tem de científico. É um juízo de valor.[13]

2. Ciência e mito

> *Em todas as épocas, a interrogação sobre a origem, a organização e o sentido do Universo encontra-se no cerne de todas as mitologias, quase sempre apresentadas como cosmologias tentando desvendar o significado do Mundo e de suas leis. Para o homem, trata-se de um desafio fundamental. Porque, ao enfrentá-lo, interroga-se sobre a origem de seu ser-no-mundo, seu lugar no Cosmos e o sentido de sua existência.*
>
> Hilton Japiassu

Pode parecer estranho relacionar Ciência e mito. Pode até parecer contraditório na medida em que o senso comum considera o mito como antagônico à verdade ou à Ciência. Entretanto, o mito não se opõe à verdade como entende a ciência moderna já que responde a

---

[13] Boaventura Souza Santos. **Um discurso sobre as ciências**, p. 56.

diferentes questões, externas ao âmbito da Ciência. Se esta procura descrever como os fenômenos acontecem e estabelecem as leis que regem determinados fatos, o mito, como as artes, procura o sentido que transcende o mensurável, um sentido que dê sentido à vida do sujeito que pergunta.[14]

Causas históricas fazem com que pessoas leigas, mas devotas das ciências, defendam que a linguagem racional pode responder as nossas perguntas. Também existem aqueles devotos que se apóiam nos mitos das grandes religiões e, neles pretendem encontrar as mesmas leis que a ciência propõe.

Contudo, *vivemos hoje em uma cultura pretendendo ter ultrapassado o estádio do mito. Teríamos deixado para trás a representação mítica, porque dela nos teria livrado a representação científica do mundo.*[15] O mito não é antagônico à ciência, nem pertence ao passado da humanidade, mas está implícito no fazer ciência e na vida humana. O mito relata e revela sempre verdades simbólicas importantes sobre a humanidade.

A Ciência aproxima-se do âmbito do mito, especialmente no que se refere às questões da origem. Cada sociedade possui um mito de criação que lhe é próprio. Na Grécia Antiga, cujo pensamento contribuiu para constituir a ciência moderna, encontramos

---

[14] Jung Mo Sung. **Ciência, mito e o sentido da existência**, p. 15.
[15] Hilton Japiassu. **Ciência e destino humano**, p. 38.

um mito que apresenta certas analogias com a Teoria do *Big Bang*.

Com efeito, uma das mais antigas cosmogonias gregas relata que antes do aparecimento do mundo havia o Caos. Diferente do "nada", o Caos é um estado indiferenciado, primordial, atemporal, destituído da ordem universal. Para que se iniciasse a história do mundo seria necessária a intervenção de um poder divino. A este poder, anterior a toda a Antiguidade, chamou-se Eros, que produz a inexplicável simpatia ou atração entre os opostos, gerando daí o Cosmos. Sua primeira obra foi gerar Gaia e depois Uranos, que a ela se une, envolvendo-a. Da união amorosa do Céu e da Terra, nasceu Cronos, o tempo. Em seguida, todas as divindades e seres do mundo. Nesse contexto, Eros simboliza o deus do nascimento, esta força que os filósofos gregos denominam *Physys*: a força universal capaz de levar ou unir os homens ao amor divino.[16]

Em contrapartida, uma parte dos cientistas diz que o Universo se formou a partir de uma explosão primordial conhecida como *Big Bang*. A primeira concepção foi sugerida pelo padre e cosmólogo belga Georges-Henri Édouard Lemaître (1894-1966), que propôs uma teoria em que o Universo teria tido um começo repentino. No início, era apenas uma atualização de uma arquiconcepção bíblica que naturalmente já se abria em duas vertentes nada interessantes para

---

[16] Hilton Japiassu. **Ciência e destino humano**, p. 40.

o contexto: "o atomismo"[17] e o "criacionismo".[18] No entanto, com o passar do tempo, o paradoxo do cosmólogo belga adquiriu *status* de teoria, em 1948, com o cientista russo, naturalizado norte-americano, George Gamow. Para ele, o Universo teria nascido entre 13 e 20 bilhões de anos atrás, a partir de uma concentração de matéria e energia extremamente densa e quente e tudo o que existe no Universo veio de uma bolha que surgiu em um tipo de "sopa" quentíssima e começou a crescer, dando origem a toda a matéria que conhecemos. Embora não explique muita coisa, é uma das teorias de origem mais aceitas atualmente, talvez até porque se assemelhe àquela relatada no Gênesis.

Outra aproximação da Ciência com o mito pode ser vislumbrada no mito de Prometeu, que antecipa os problemas decorrentes do uso da tecnologia, *uma trans-*

---

[17] Vertente do pensamento pré-socrático (século V a.C.); baseia-se na teoria dos átomos, criada por Leucipo e desenvolvida, posteriormente, por Demócrito de Abdera. Para o pensamento atomista, o princípio (*arché*) da realidade (*phýsis*) reside nos *átomos*, elementos invisíveis, de número ilimitado, cada um possuidor de uma forma própria; sendo o número de formas presentes nos *átomos*, igualmente, ilimitado. A natureza destes elementos é unitária e plena, uma vez que eles são indivisíveis (em grego, o termo *á-tomos* significa *sem divisão*).

[18] O Gênesis, o primeiro livro do Antigo Testamento, descreve a origem do mundo da seguinte forma: "No princípio, Deus criou o Céu e a Terra. Ora, a Terra estava vazia e vaga, as trevas cobriam o abismo, um vento de Deus pairava sobre as águas. Deus disse: 'Haja luz' e houve luz. É algo muito parecido com a Teoria do Big-Bang".

gressão do homem em relação aos deuses.[19] Conta o mito que, depois de criado o mundo e separada a Terra das águas, Prometeu e Epimeteu, da raça dos titãs, foram incumbidos de criar e assegurar a todas as formas de vida a possibilidade de preservação.

Epimeteu ficou encarregado da obra e Prometeu, de examiná-la. Assim, Epimeteu, no ato da criação, atribuiu um dom a cada ser vivo: força, velocidade, resistência, garras, asas, carapaças...

Porém, Prometeu, ao observar o estado da criação até aquele instante, percebeu que nenhum ser era capaz de investigar, aprender, usar as forças da natureza, comunicar-se com os deuses, compreender não apenas o mundo visível, mas o princípio de todas as coisas. Um ser superior deveria ser criado. Do barro, resultado do casamento sagrado da Terra e do Céu, Prometeu fez o homem. Coube a Epimeteu atribuir-lhe um dom, contudo percebeu que nada mais restava, já que usara todos os recursos de que dispunha.

Perplexo com o descuido de Epimeteu, Prometeu roubou, com a ajuda de Minerva, o fogo divino e o deu aos homens como presente. Com ele, o homem lançou as bases da civilização e assegurou sua superioridade sobre os outros animais.

Prometeu foi condenado a conviver com Epimeteu e a remediar o custo de seus atos impensados, os

---

[19] Hilton Japiassu. **Ciência e destino humano**, p. 47.

problemas resultantes do uso da tecnologia, cujos efeitos sobre o Planeta são geralmente, em um primeiro instante, incompreendidos e cujos resultados nefastos só são percebidos, às vezes, tarde demais. Um paralelo interessante encontramos na bomba atômica "que roubou o fogo do interior da matéria" e promoveu a destruição. Mesmo essa energia, quando utilizada para fins pacíficos, como a produção de energia elétrica a partir da energia nuclear, tem nos trazido sérios problemas, como o grave acidente de Chernobyl.

Por isso, uma formação científica adequada deve visar à formação de um cidadão que possa compreender que a tecnologia não devia pertencer a um domínio técnico e, sim, a um domínio social de modo que seus produtos sejam obra do Previdente e não do Irrefletido.

Habitualmente, também não consideramos que, provavelmente, o símbolo, a imagem, o rito anteciparam e, muitas vezes, tornaram possível suas aplicações utilitárias. Em outras palavras, antes de modificar a face do mundo, essas descobertas deixaram marcas na história espiritual da humanidade. Se da argila os deuses criaram o homem, com ela o homem moldou a figura dos deuses. O fogo e os metais serviram às divindades e o martelo e a bigorna tornaram-se símbolos dos deuses da criação. Assim, um ferreiro, ao malhar sua bigorna, imitaria um gesto divino.

O ouro, cobiçado pela humanidade, nunca foi um metal essencial: não teve utilidade como ferramenta ou arma, não participou das revoluções tecnológicas, tampouco é o metal mais raro ou de custo mais elevado. A importância que lhe é atribuída talvez possa ser explicada pelo seu simbolismo, já que foi o primeiro metal descoberto, o metal ancestral, sincretizado com o deus Sol, o doador da vida.

Ainda hoje não há quem ignore a correspondência dos sete metais mais conhecidos desde a Antiguidade com os astros e suas associações com as constelações zodiacais e muitos têm consigo um fragmento de um metal que lhes seja favorável, determinado pela época do seu nascimento. Poder-se-ia argumentar que tais atitudes sejam comuns entre os menos esclarecidos. No entanto, Japiassu[20] relata que o físico Lévy-Leblond, ao visitar Neils Bohr em sua casa de campo surpreendeu-se ao ver, pendurada sobre a porta de entrada, uma ferradura. Perguntando-lhe se acreditava naquilo, obteve como resposta: *"parece que estas coisas funcionam mesmo quando não se acredita nelas"*. Bohr foi uma das mentes mais brilhantes do século XX.

Esse simbolismo mágico resistiu às eras, ao advento da ciência moderna e nos deparamos com ele ainda neste início do terceiro milênio, quando a própria Física fornece fundamentos teóricos para que se interprete o Universo em termos de consciência. Não quero dizer com isso que a magia está presente nas ciências,

---

[20] Hilton Japiassu. **As paixões da Ciência**, p. 98.

mas não pode ser considerada antecessora desta, como querem alguns historiadores da Ciência, já que convive com ela. Além disso, ela não se preocupa em explicar o fenômeno. Para ela, basta que funcione. *A magia pressupõe a existência de regras na natureza, as quais, com atos adequados, podem ser usadas pelo homem.*[21] Sua finalidade não é a compreensão ou o controle da natureza, tal qual Bacon preconizou, mas torná-la favorável ao homem. Além disso, muito do que poderia ser considerado "mágico", em uma época ou em uma sociedade em particular, hoje está incluído em nossas atividades. Da mesma forma, o conhecimento científico de hoje pode ser, em um futuro bastante próximo, ser tomado como mito.

Será que o saber racional e objetivo da ciência moderna realmente substituiu a representação mítica do mundo? Considerada a melhor contribuição do Ocidente para promoção do Homem, a Ciência, tal como o novo Prometeu, ilumina os caminhos do futuro, liberando o Homem de todos os dogmatismos? Contudo, continuamos fascinados pelos nossos mitos de origem e freqüentemente, em momentos de crise, as antigas questões cosmológicas vêm à tona.

Não há dúvida de que a ciência moderna, herdeira da racionalidade grega, adotou como um dos seus objetivos fundamentais separar-se da religião e instituir-se

---

[21] William Cecil Dampier. **Pequena história da Ciência**, p. 6.

como a única verdade possível de ser aceita; no entanto, essa hegemonia no mundo atual parece obrigá-la a assumir funções que não são suas e que eram outrora desempenhadas pelos mitos e pela religião. Nestes tempos de triunfo da Ciência, com seus importantes resultados, ela ainda está longe de nos fornecer um quadro abrangente da realidade. Precisamos reconhecer que, neste aspecto, a explicação mítica prevalece sobre a científica.

3. Ciência e religião

> *O cientista de hoje escala as montanhas da ignorância e, quando se aproxima da rocha mais alta, prestes a conquistar o cume, é saudado pelos teólogos, que estavam lá, sentados há séculos.*
> Robert Jastrow – Astrofísico da NASA

O mito de Prometeu sugere que o homem se diferenciou da natureza ao dominar o fogo. A partir de então, passou a desenvolver a crença de que poderia compartilhar com os deuses do mundo divino. Essa idéia expressou-se na magia e consolidou-se nos rituais. A par disso, o conhecimento acerca do mundo material começou a se expandir. Se aceitarmos a tese de que tal saber tinha a conotação de revelação divina, seus mistérios, bem guardados, revelavam-se nas narrativas mitológicas das civilizações antigas.

> *As técnicas nas civilizações míticas preservariam o caráter mágico de sua pré-história, mas adquiririam o caráter ritualístico. Tanto a arquitetura como a medicina, como a mineração, a cerâmica e a tinturaria basear-se-iam na crença de que a alma humana poderia participar dos desígnios dos deuses e demônios, repetindo ritualisticamente suas ações, roubando-lhes seus segredos, assim assegurando a simultaneidade entre a ação do técnico mítico e a ordem cósmica.[22]*

Contudo, entre o sétimo e quinto século anterior à nossa era, algo novo surgiu. Provavelmente da união das técnicas mágicas e dos segredos divinos, uma nova forma de conhecimento mais elaborado apareceu. Procurava estabelecer a relação entre o anímico e o material. O que há de novo nessa sabedoria é que ela se constituiu em um corpo de conhecimentos que tem um autor e traz suas marcas.

De maneira aparentemente independente, a humanidade foi encontrando outros caminhos. Na China, a sabedoria floresceu dos ensinamentos de Kungfu-tsé e Lao-tsé; na Índia, de Mahavira e Sidarta; na Mesopotâmia foi sob os ensinamentos de Zoroastro. No mundo grego, com Tales de Mileto e Pitágoras. Só que ali, diferente do que ocorreu em outros locais,

---

[22] Milton Vargas. **A origem da Alquimia:** uma conjectura, p. 17.

essa sabedoria ligou-se mais às coisas materiais do que às divinas. Pitágoras, que marcou o pensamento moderno na crença de que as operações últimas do Universo podem ser descritas em termos numéricos, foi um grande matemático e Tales talvez tenha sido o primeiro pensador a especular sobre a origem, a natureza e as transformações da matéria sem invocar o poder sobrenatural.

No mundo ocidental, a Ciência surgiu no interior das religiões, principalmente na Igreja Católica. O período da longa noite de mil anos, chamado de Idade Média, era herdeiro direto da cultura greco-romana, mas sua sociedade assentava-se em bases estritamente cristãs, portanto religiosas; dirigida e organizada pela Igreja Católica, tinha como lei os textos bíblicos. Dessa forma, os textos clássicos foram adaptados, ou cristianizados, para serem aceitos. Aristóteles era considerado o "filósofo" pela Igreja e sua idéia de que a Terra era o centro do Universo, foi associada à de que o ser humano era o centro da criação divina, portanto, plenamente aceita.

As tensões entre Ciência e religião são antigas. Santo Agostinho, o primeiro grande teólogo do Catolicismo, dizia que o pensamento aplicado conduzia ao pecado e à perdição e que, para atingir a redenção, o importante era dedicar-se à adoração do eterno.

A Igreja assumiu a função de pensar pelos homens, dizendo o que era certo e errado, o que era o bem ou o que era o mal. Portanto, o clero assumiu a função de elaborar e divulgar o conhecimento – surgiram as universidades. Neste mundo, o espaço destinado às ciências naturais tornou-se muito reduzido. Resistia apenas às margens de uma sociedade impregnada de religião. Os poucos cientistas daquela época eram alquimistas e, alguns deles, paradoxalmente, estavam ligados à Igreja Católica.

O declínio do regime social medievo e de suas idéias nos levaram ao limiar da modernidade, onde a magia e a Ciência constituíram-se num corpo único que não pôde ser separado facilmente. A ciência ocidental esteve sempre relacionada com o universo cristão. A história das ciências nos mostra a participação importante da religião na origem e no desenvolvimento da ciência moderna.[23]

Se considerarmos a religião uma concepção geral do mundo na qual o universo material e o destino humano são governados por um poder divino e sagrado, torna-se claro que se fundamenta em explicações sobre a origem e o movimento de todas as coisas. Decorre então que a História da Ciência sempre encontra a barreira do fenômeno religioso ou das formas culturais religiosas do passado.

> *As mais altas personalidades concordam em dizer que, ao menos no que concerne ao Homem, urge reunir em uma síntese sólida a multiplicidade de nossas aquisições científicas. O mundo*

---
[23] Hilton Japiassu. **Ciência e destino humano**, p. 116.

religioso, por sua vez, aspira a essa síntese que porá em plena luz a grandeza e a beleza da Criação. O espírito humano, com efeito, não se contenta com uma ciência dividida e fragmentada ao infinito.[24]

Não é surpresa para ninguém que existem tensões entre Ciência e religião. Historicamente, as relações entre Ciência e religião foram permeadas por desentendimentos e disputas. No entanto, devemos lembrar que muitos filósofos naturais, hoje chamados cientistas, eram crentes e até mesmo cristãos convictos. *Toda tentativa de Galileu foi colocar as suas teses sob a autoridade das escrituras sagradas.*[25] Newton dedicou mais tempo da sua vida aos estudos teológicos do que Física. Ao dividir o mundo em matéria e mente, a intenção de Descartes foi estabelecer um acordo bem definido: não atacaria a religião, que reinaria soberana em questões relacionadas com a mente, em troca da supremacia da Ciência sobre a matéria. Durante mais de dois séculos, o acordo foi respeitado. Por fim, o sucesso da Ciência em prognosticar e controlar o meio ambiente direcionou os cientistas ao questionamento da validade de todo e qualquer ensinamento religioso.[26]

---

[24] Teilhard de Chardin. **O fenômeno humano**, p. 17.
[25] Paolo Rossi. **A ciência e a filosofia dos modernos**, p. 115.
[26] Amit Goswami. **O universo autoconsciente**, p. 135.

Em recente entrevista, o Dalai-Lama foi questionado sobre a importância da interação entre a religião e a Ciência e assim se manifestou:

> *Alguns amigos já me disseram que a ciência é assassina da religião e me recomendaram que tivesse cuidado no trato com cientistas. Mas um dos princípios budistas é analisar, investigar. Se alguma descoberta vai contra nossas escrituras, temos a liberdade de ter uma interpretação diferente (das escrituras) ou de descartá-la. Também há o campo da psicologia. A psicologia budista parece mais avançada que a ocidental, pois está relacionada com as emoções. Meu interesse pelas ciências só cresce. Há cinco anos introduzimos estudos em ciências básicas para monges.*[27]

A religião não está inserida explicitamente no conhecimento científico, nem no seu método, nem faz parte da sua epistemologia, mas é inerente ao homem, portanto se faz presente quando o cientista formula sua hipótese e, assim, direciona o sentido da sua pesquisa. No entanto, se indagarmos um cientista sobre a relação das suas pesquisas com o irracional, com o sagrado ou com o místico, certamente responderá indignado:

---

[27] Revista Época, n. 413, abril de 2006.

> *A ciência não se interessa pelo irracional, pelo sagrado ou pelo místico. Nós, os cientistas, nada temos a ver com os teólogos, com os místicos ou com os artistas, porque nosso saber é objetivo e claro. Nosso trabalho é metódico, racional, rigorosamente controlado.*[28]

Mas isto é verdade? Quando vamos para as questões da origem, não nos deparamos com os mitos e com as religiões?

Atualmente, diversos livros que responsabilizam as religiões pelos males da humanidade reforçam a discussão filosófica sobre o ateísmo. O grupo de "novos ateístas" causa uma grande confusão, pois exacerbam a já arraigadas posições anticientíficas dos mais religiosos e cria novos opositores em razão à arrogância. Marcelo Gleiser[29] diz:

> *Acho perigoso que eles sejam vistos como porta-vozes da comunidade científica. Do ponto de vista da ciência, a posição de ateu radical não faz sentido. Para se afirmar que Deus não existe, é necessário supor que detemos a*

---

[28] Hilton Japiassu. **As paixões da Ciência**, p. 216.

[29] Colunista da Folha de São Paulo e professor de Física do Dartmouth College (EUA). Reportagem de Sylvia Colombo e Marcos Strecker no caderno Ilustrada da Folha de São Paulo, p. 6, 22/07/2007.

> *totalidade do conhecimento, algo que é inatingível pelo fato de a ciência ser uma criação humana e limitada.*

Para ele, o máximo que cientistas podem dizer é que a existência de um Deus judaico-cristão é contrária ao que conhecemos do mundo. Por outro lado, "não podemos afirmar que a informação atual da ausência de uma divindade é definitiva, pois não temos informação sobre tudo. A única posição consistente com a Ciência é o agnosticismo ou, no máximo, um ateísmo liberal, pronto a aceitar evidência em contrário, caso ela ocorra".[30]

O que a Ciência não tem como proposta é tirar Deus das pessoas. O que ela pode fazer é proporcionar uma forma alternativa de espiritualidade ligada ao mundo natural e não ao sobrenatural, à cativante magia da descoberta. É esse naturalismo, essa entrega à natureza e aos seus mistérios, que confere à Ciência a dimensão espiritual que a torna humana. *Ela pode não ter todas as respostas, porém proporciona autonomia ao indivíduo, fornecendo os instrumentos de sua liberdade. E, ao fazê-lo, ensina-nos a respeitar a vida e a lutar pela sua preservação.*[31] A Ciência possibilita-nos uma

---
[30] Ibid, p. 6.
[31] Marcelo Gleiser. **Micro e Macro: reflexões sobre o homem, o tempo e o espaço,** p. 293.

aproximação com a natureza e nos encaminha a uma percepção de mundo que pode, com certa liberdade, ser denominada de espiritual. Einstein justificava sua devoção à Ciência como algo que ele conceituou como o *sentimento religioso cósmico*, associando ao estudo racional da natureza uma dimensão espiritual.

4. Ciência e poder

A filosofia natural era, de muitas formas, um empreendimento novo na Europa do século XVII, lutando para ser reconhecida nas hierarquias estabelecidas. Sua relação com a Igreja e o Estado e seu papel na sociedade estavam em constante alteração. Questões importantes sobre a natureza da nova ciência – seus ideais e métodos, seus limites e quem poderia estabelecê-los – restavam ser respondidas. Neste ponto central, os filósofos naturais esforçavam-se por se libertar das restrições, algemas ou prisões da universidade medieval e estabelecer novas instituições que correspondessem às suas necessidades.[32]

As modernas instituições científicas tiveram suas origens no mundo medieval, particularmente nos monastérios e nas universidades européias. Do século XII ao XV, as universidades eram os centros do saber,

---

[32] Londa Schiebinger. **The Mind has no Sex?**, pp. 11-17.

defendendo as tradições religiosas e os interesses do mundo feudal e deles sendo portadoras. As universidades medievais eram um poderoso instrumento do poder da Igreja, determinando o que deveria ser ensinado com base nos textos sagrados, e todo o seu sistema pedagógico fundamentava-se na escolástica, preparando quase exclusivamente eclesiásticos e juristas. Nessas instituições, não havia lugar para as ciências da natureza. *Em Paris, em 1355, foi autorizado o ensino da geometria euclidiana apenas nos feriados. Os principais manuais de "ciências naturais" eram os livros de Aristóteles, dos quais todo o conteúdo vital havia sido expurgado.*[33] E é de Aristóteles que conhecemos uma das primeiras classificações de poder nas suas diversas faces, como é usado e distribuído. Portanto, a chave para a compreensão desse poder pode ser encontrada na cultura grega, alexandrina e romana, raízes da ciência moderna.

O pensador Epícuro, nascido em Samos em 342 a.C., teve como mestres Platão e Demócrito. Ao sentir a sua impotência ante ao poder do Estado, procurou a sua interiorização buscando uma perfeição moral independente do mundo exterior e do poder temporal. Percebeu que o conhecimento da natureza deveria possibilitar uma visão de mundo onde o ser humano pudesse

---

[33] Boris Hessen. **As raízes socioeconômicas dos principia de Newton**, p. 44.

inspirar-se para libertar a sociedade da superstição e da tirania. Dizia ainda:

> O estudo da natureza não pretende apenas permitir que o homem proclame e demonstre o seu conhecimento diante do seu próximo, mas, pelo contrário, produzir indivíduos sérios independentes, capazes de apreciar as qualidades verdadeiras e pessoais e não apenas a aparência exterior. Explicar um fenômeno é mais importante do que a sua real ocorrência.[34]

Epícuro instalou sua escola em Mitilene e, seguindo a tradição dos pitagóricos, aceitou mulheres e escravos. As suas idéias tornaram-se a doutrina do povo, em contraponto ao estoicismo[35] que se constituía na filosofia das classes privilegiadas. Instituiu-se assim o primeiro embate histórico entre a Ciência e o poder constituído. Os epicuristas usavam a Ciência para tentar reformar a teologia, em uma tentativa de separar a religião das leis

---

[34] Augusto Forti. **Ciência, filosofia e poder na Antiguidade Clássica**, p. 27.

[35] O estoicismo é uma doutrina filosófica que propõe viver de acordo com a lei racional da natureza e aconselha a indiferença (apathea) em relação a tudo que é externo ao ser. O homem sábio obedece à lei natural, reconhecendo-se como uma peça na grande ordem e propósito do Universo.

da natureza, para conseguir uma forma de defesa contra o poder autoritário. As idéias de Epícuro propagaram-se por todo o mundo helênico, chegando até Roma.

Figura 4: Epícuro.
http://commons.wikimedia.org/wiki/Museo_Archeologico_Nazionale_%28Naples%29

Na antiga Mesopotâmia, conhecida por muitos como o berço da humanidade, os conhecimentos sobre a manipulação da matéria eram transmitidos oralmente para os chamados "iniciados", os futuros conhecedores daquela prática. Eram registrados nos tabletes de argila de forma velada, utilizando freqüentemente uma chave de interpretação que era conhecida por poucos: "os iniciados". Esses registros traziam sempre formulações e procedimentos para a manipulação da matéria, passados de mestre para discípulo a fim de que esse conhecimento não fosse perdido. Assim registrados impedia-se que caíssem na mão do público. Esse era o iniciado, aquele que era capaz de ler essas fórmulas.

Confeririam à manipulação da matéria um ato sagrado, por estarem imitando a natureza. O mineral era comparado a um feto e evoluiria para a sua forma mais pura, um metal. O forno era uma cópia do ventre materno, a própria Terra, responsável pelas transformações, logo era preciso sacralizar o forno. Para isso sacrificavam fetos humanos ou animais. Também os corantes, perfumes e medicamentos eram considerados aprimoramentos daquilo que a natureza podia ofertar, portanto, um conhecimento sagrado que deveria ser velado, uma forma de preservar o poder.

Por meio, principalmente, dos árabes, muitos desses textos, juntamente com originais gregos antigos, chegaram à Europa medieval, onde passaram a ser vistos como portadores de um segredo antigo. Aquele que conseguisse decifrá-lo seria o detentor de um poder talvez tão antigo como a própria humanidade.

Durante a Idade Média, esse conhecimento ficou restrito aos monastérios e às universidades que tinham um caráter elitista. Entre os séculos VI e XI, a Igreja possuía o monopólio da alfabetização e educação, e os filhos dos senhores feudais tornavam-se membros dos monastérios, o que se tornou a única opção para a educação feminina e acabou por fornecer um número considerável de mulheres eruditas.

Com o decorrer do tempo e o surgimento do livro impresso, compilações de receitas provenientes da Antiguidade e do medievo, bem como manuais práticos e tratados técnicos, passaram a ser publicados e distribuídos pela Europa divulgando esse conhecimento. Assim, no Renascimento, observamos o surgimento de uma nova ordem social para a Ciência que começou a ser discutida em outros lugares: nas pequenas aldeias, nas paróquias e nos salões dos nobres. Esses últimos, que eram instituições femininas por excelência, ofereceram uma real alternativa para a organização da vida intelectual. É interessante observar que nos locais onde a Ciência emergia em uma determinada sociedade (grupos), como nas cortes renascentistas, as mulheres se destacaram como sábias.

Esse tipo de conhecimento sobre a natureza não podia ser obtido nas universidades da época. Assim, a nova ciência cresceu em litígio com as universidades, como uma ciência não-universitária a serviço das necessidades da burguesia emergente. Essa luta, no âmbito ideológico, era reflexo da luta de classes entre o sistema feudal. Era o jogo do poder na Ciência que cresceu passo a passo com a ascensão e desenvolvimento da burguesia que necessitava, para desenvolver sua indústria, de uma ciência que pesquisasse as propriedades materiais dos corpos e as formas de manifestação das forças da natureza. A Ciência deixava agora de ser uma serva fiel da Igreja, ultrapassando as fronteiras da fé. Assim, a burguesia entrou em conflito com a igreja feudal.

O prestígio da Ciência aumentou no decorrer dos séculos XVII e XVIII, enquanto que o da aristocracia diminuiu e cedeu seu lugar, em importância, para as atividades científicas. As universidades deixaram de ser o centro da vida intelectual. A ciência moderna emergiu de uma grande variedade de grupos, incluindo ateliês, salões informais e academias reais.

A nova forma de pensar introduzida pela ciência experimental possibilitou a formação das academias científicas. Fundadas sob a proteção dos reis, originaram-se dos salões e universidades. As maiores academias científicas foram fundadas no século XVII: a Royal Society of London, em 1662; a Parisian Academie Royale des Sciences, em 1666 (transformou-se em 1816 na Académie des Sciences); a Societas Regra Scientarum em Berlim, em 1700 (depois denominada Akedimie der Wissenschaften). No final do século XVIII, elas existiam em toda a Europa. Quando o cetro do conhecimento passou das cortes para as academias, a Ciência deu um primeiro passo para adquirir um caráter profissional.

As academias do século XVII perpetuaram as tradições renascentistas de misturar conhecimento com elegância para acrescentar graça à vida e beleza à alma. A Academie Royale des Sciences mantinha seu programa de convivência com jantares e entretenimento musical, observando todas as regras de etiqueta presentes nos salões. Os membros da academia ocupavam posição de homens (funcionários) públicos, eram assalariados e contavam com privilégios e proteção real.

A academia assumiu o papel de dizer qual a ciência correta. As novas descobertas eram apresentadas por um dos membros, e as discussões que se seguiam quase sempre se baseavam nas evidências experimentais disponíveis. Buscava-se um controle da qualidade do conhecimento.

Nenhuma dessas instituições aceitou qualquer mulher antes da metade do século XX (em 1945, Royal Society of London). Essa academia, ideologicamente, tinha como princípio aceitar pessoas das diversas camadas sociais, nações, profissões ou crenças. Mas, de fato, apenas 4% de seus membros eram comerciantes. A maioria compunha-se de homens de elevada posição social e conhecedores da nova ciência, o que permitia a concretização de um novo domínio, o poder do conhecimento.

Durante a Revolução Industrial, o poder e a Ciência mudaram de mãos.

> *A ciência tornou-se um empreendimento de grupo e uma arma organizacional capaz de influenciar profundamente a estrutura política do poder, o sistema econômico de produção e o clima social e intelectual global*[36].

A Revolução Industrial e o capitalismo decorrente determinaram o surgimento de uma nova so-

---

[36] Franco Ferraroti. **A Revolução Industrial e os novos trunfos da ciência, da tecnologia e do poder**, p. 45.

ciedade fundamentada em um novo conceito de poder e contando com a Ciência em lugar dos valores tradicionais.

O mundo contemporâneo estruturou-se sobre o saber científico. A Física dominou todo o século XX com a corrida espacial, a mecânica quântica etc. Os conflitos ciência-poder podem ser ilustrados com o tenso diálogo entre Niels Bohr e Winston Churchil, quando o cientista alertou o político para que os Aliados não produzissem a bomba atômica durante a Segunda Guerra Mundial. A proposta de Bohr era revelar o segredo do artefato nuclear para todos, pois sabia que os soviéticos tinham condições de reproduzir a bomba. Com a revelação, Bohr pensava que se chegaria ao desarmamento dos países e teríamos paz e equilíbrio.

Existe uma percepção popular sobre os cientistas como os donos da verdade. A sociedade olha a Ciência pela ótica da admiração e do temor dos progressos científicos. Temor, porque não conhece os seus limites.[37] Admiração porque todos os dias novas descobertas e instrumentos modificam as nossas relações com a natureza e com a sociedade. O movimento dos laboratórios de pesquisa parece escapar a todo controle. A distância entre teoria e suas aplicações práticas é curta. As técnicas percorrem-na com grande rapidez.

---

[37] Citamos como exemplo, que a maioria das pessoas não sabe o que é o Projeto Genoma, células-tronco, clonagem etc.

O motor do movimento da ciência é identificado como sendo a razão. A verdade, o retrato fiel do que é, o modelo consistente da realidade são expressões de sua realização como instrumento de ação. A razão lê, interpreta e modifica o mundo. Não se pediu permissão ao poder, que financia as pesquisas, ou ao mercado da economia, para dar asas à Internet ou associar uma dupla hélice à imagem do DNA. A razão quer prestar contas à verdade, assim como ela é. Isso incomoda o poder. Ele reconhece a autonomia do mundo científico, obediente aos rigores da razão, mas não esconde que essa autonomia o incomoda. O poder busca no consenso o motor de seu movimento. A política faz uso da persuasão como instrumento para alcançar o bem comum. Quando o consenso não é alcançado e o poder, contrariado, a força é o meio de dominação.[38]

O governo concede financiamentos à Ciência para que ela atinja determinados objetivos, para que realize pesquisa, sem conhecimento de pormenores e procedimentos técnicos e, portanto, sem controle efetivo. Desse modo, a Ciência dita ao governo o que fazer, como e com que rapidez.[39]

---

[38] Ennio Candotti. **Ciência, verdade e política,** p. 1.
[39] A Ciência como rainha, o governo como súdito.

Quem se responsabiliza pelos novos conhecimentos? As universidades, que continuam sendo denominadas de academias?

Quem começa a assumir o poder sobre a Ciência? Os governos, que financiam os laboratórios, que financiam as pesquisas e as indústrias?

A produção de novos alimentos em laboratórios teve aumento significativo nos últimos tempos. Os transgênicos, que já chegaram às nossas mesas, são um exemplo típico desse fato. As incertezas quanto aos impactos econômicos, sociais e ambientais das novas tecnologias passam a exigir uma avaliação cada vez mais acurada. Nesse particular, a Ciência assume um papel relevante nos processos de regulamentação da adoção de novos produtos. Os cientistas tornam-se os principais mediadores da relação da sociedade com o risco, com o poder de antecipar os perigos futuros e decidir acerca da aprovação de novos alimentos. No entanto, a Ciência tem seus critérios de cientificidade contestados em virtude das suas relações com a indústria. Agências reguladoras como a FAD perdem sua credibilidade. A sociedade exige maior controle social da atividade científica.

> *A ciência adquiriu o poder de determinar o que poderá ser aprovado e liberado para consumo humano. Em todo o mundo, as agências responsáveis pela aprovação de novos alimentos lançam mão de pesquisas científicas e consultas a espe-*

cialistas para respaldar suas decisões. A neutralidade confere status *de decisão à ciência.*[40]

A construção da bomba atômica, na fase final da Segunda Guerra Mundial evidencia como a ciência não pode ser separada da sociedade em que está sendo desenvolvida. Ela não pode desenvolver-se ignorando a realidade política à sua volta.[41] Arquimedes, por volta de 250 a.C., colaborou com o reino de Siracusa, desenvolvendo diversas máquinas de guerra. A Ciência não é um conhecimento neutro, pois ela é financiada pela classe dominante e pelos Estados poderosos, bem como as principais instituições: a universidade, a mídia, ou seja, a classe dominante.

Vivemos em uma época na qual a Ciência demonstra todos os dias o seu poder. O conhecimento que ela produziu venceu distâncias, diminuiu carências, reduziu doenças e possibilitou a compreensão de muitos mistérios da natureza. No entanto, ainda hoje, pouca gente percebe a importância da Ciência em sua vida. Existe a influência explícita, associada às diversas tecnologias que definem o estilo de vida da sociedade moderna. Fica difícil imaginar a vida atual sem automóveis, telefones celulares, fornos de micro-

---

[40] Carlos Vogt. **Ciência é garantia de segurança?,** p. 1.
[41] Marcelo Gleiser. **Micro e Macro: reflexões sobre o homem, o tempo e o espaço,** p. 235.

ondas, computadores etc. No entanto, a Ciência assusta, é *faca de dois gumes*. Por vezes, parece acontecer como mágica, em laboratórios clandestinos controlados por cientistas influenciados pela fama e manipulados por financiadores que se interessam apenas pelo balanço final de suas empresas ou por militares obcecados pelo poder.

> *A posição da ciência no mundo moderno pode ser analisada como resultante de dois conjuntos de forças em conflito que aprovam ou se opõem à ciência como atividade social. A hostilidade pode originar-se de fatores políticos, humanitários, econômicos e religiosos, apoiada no fato de que os resultados ou os métodos são contrários às satisfações de valores importantes, ou ainda da incompatibilidade entre os ethos[42] científicos e os que se encontram em outras instituições.[43]*

Freqüentemente, o pesquisador não determina onde ou como serão usados os resultados de suas pesquisas. Na medida em que tais usos sejam reprovados, a antipatia recai sobre a própria Ciência. Também

---

[42] Conjunto de regras, prescrições, costumes, crenças, valores e pressupostos obrigatórios para os cientistas.

[43] Lais dos Santos Pinto Trindade. **Ciência e sociedade**, p. 2.

raramente reconhecido é o fato de que pela elaboração complexa das ciências existe um abismo crescente entre o cientista e o leigo, que vê com desconfiança essas teorias *estranhas*, ainda que sua aplicação beneficie a sociedade como um todo.

> *Nas mãos da ignorância, a ciência é rapidamente transformada em um monstro, causando um conflito estranho nas pessoas: por um lado, a sociedade é cada vez mais dependente das várias amenidades e confortos da vida moderna. Por outro lado, a ciência também ameaça, cria armas de destruição global e local, podendo até comprometer nossa posição como espécie dominante da Terra.*[44]

Há uma necessidade cada vez mais premente de reconhecer a natureza global das decisões de política científica, e outra de estabelecer uma nova relação entre a Ciência e o poder, que reconheça essa dimensão internacional.

Poder é uma palavra incrivelmente emocional. Diante dela são infinitas as nossas reações. Sem poder (ser capaz) não há ação ou movimento. O poder como um ato de sabedoria, e não como instrumento para

---

[44] Marcelo Gleiser. **Micro e Macro: reflexões sobre o homem, o tempo e o espaço**, p. 346.

manipular pessoas, é a capacidade e habilidade de mudar as nossas vidas. *Conhecimento é poder: poder de produzir, de prever e de prevenir.*[45] Aplicar esse conhecimento em benefício da humanidade é sabedoria. Conhecimento e sabedoria são os dois principais pilares de um futuro comum melhor.

5. Ciência e educação: o papel da História da Ciência para a compreensão do significado dos saberes escolares

A sala de aula, vista como um espaço onde ocorre a transmissão do conhecimento dos saberes é uma das mais remotas criações da humanidade. O documento mais antigo conhecido entre nós, que descreve conteúdos e objetivos bem como a relação entre mestre e discípulo, data aproximadamente 4.600 anos. Remonta ao período arcaico egípcio e nele se encontram ensinamentos prontos para serem memorizados, um uso destinado a perpetuar-se.

É na Grécia homérica, período compreendido entre os séculos XII e VIII a.C., que encontramos uma nítida separação entre o saber e o fazer nos processos educativos. O primeiro, característico da educação homérica era destinado às classes dominantes e o se-

---

[45] Federico Mayor. **Ciência e poder**, p. 119.

gundo, representado pela hesiodéica, aos governados que deveriam ser treinados trabalhando. Infelizmente, temos privilegiado, já há algum tempo, a tradição de Homero.

No período clássico, Esparta e Creta foram consideradas modelo na arte de educar. Ali, o ensino da música e da ginástica era coletivo, fornecido pelo Estado e confiado ao *pedônomo*.[46] Semelhantes, mas de caráter privado, eram os centros de iniciação existentes na periferia do mundo helênico, abertos também para as mulheres. Pela importância histórica de seu mestre, lembramos a escola de Pitágoras, cujo princípio se fundamentava na existência de um único bem que não se perde ao transmiti-lo, a educação, a *Paidéia*.[47] Em Atenas ensinava-se em escolas abertas ao público e as famílias contavam com o *pedagogo*.[48] No século V a.C. houve uma modificação na história da sala de aula com a introdução da aprendizagem da escrita.

---

[46] Legislador para a infância.

[47] Significa a própria cultura construída a partir da educação. Era o ideal que os gregos cultivavam do mundo, para si e para sua juventude. Uma vez que o governo próprio era muito valorizado pelos gregos, a Paidéia combinava *ethos* (hábitos) que o fizessem ser digno e bom tanto como governado quanto como governante. O objetivo não era ensinar ofícios, mas sim treinar a liberdade e a nobreza.

[48] Escravo cujas funções eram as de levar os jovens às escolas e repetir os ensinamentos ali recebidos.

No período helenístico, cristalizou-se o modelo alexandrino de escolarização, caracterizado pela ênfase no ensino da escrita transmitida a partir de métodos de memorização, leitura de textos e exaustivos ditados. Nessas circunstâncias o melhor aluno seria o bom repetidor e a boa aprendizagem, aquela que se alcança pela disciplina. Neles, os autores, antes lidos no original, foram adaptados e transcritos para páginas que passaram a ser copiadas, decoradas e reproduzidas pelos estudantes.

Os séculos se passaram, o mundo mudou e a escola sofreu influências do humanismo renascentista, do nascimento da ciência moderna, das reformas protestantes, da Contra-Reforma católica, do Iluminismo, da Revolução Francesa e da industrial. O homem pisou na Lua e chegou, com seus instrumentos, aos limites do sistema solar, contudo, nas salas de aula a linha mestra continua sendo alexandrina. Uma herança repassada à posteridade em princípio aplicável a qualquer aprendiz, independente de raça, credo religioso e outros diferenciais.

A universalização do saber, atribuída ao conhecimento sistematizado, não considerou a existência dos diversos grupos sociais com culturas peculiares, situados em um tempo histórico com necessidades próprias desviou-se da questão central do processo educativo – sua finalidade – e se mostra capacitada apenas para trabalhar com seres "sem rosto".

O ensino das ciências no Brasil não se desencompatibilizou com esse sistema. No período em que os jesuítas ficaram no Brasil, mais de duzentos anos, sempre foi privilegiada a educação humanista, impermeável à pesquisa e experimentação científica. As primeiras medidas das reformas pombalinas da instrução pública estavam voltadas fundamentalmente para a possibilidade de estruturar um trabalho pedagógico que fosse capaz de suprir a ausência do ensino jesuítico. Introduziram-se as aulas públicas de geometria e o desenho de modelo vivo por meio das aulas régias.

Sob o ponto de vista pedagógico, ocorreu um retrocesso, embora trouxesse algumas modificações importantes, introduzindo as ciências experimentais e o ensino profissional no seu currículo. Só que essas modificações e a introdução das ciências obedeceram à dicotomia entre o saber e o fazer.

Nos moldes positivistas, a Reforma Benjamin Constant procurava estruturar a formação científica, substituindo a tradição humanista clássica que vigorava no país, há mais de 300 anos. Foram introduzidas Matemática, Física, Astronomia, Biologia, Química e Sociologia. Essa estruturação não se efetivou e o que ocorreu foi apenas um acréscimo das matérias científicas às tradicionais, sem se conseguir implantar um ensino secundário adequado. Era um ensino de cátedra que não tinha um fazer, ocorria apenas a partir de leituras.

A Reforma Gustavo Capanema, de 1942, manteve o ensino secundário com dois ciclos: o ginasial, de 4 anos, e o colegial, de 3 anos, com as opções entre o curso clássico e o científico, formato que permaneceu quase que inalterado até 1971. Um ensino de ciências mais adequado aos tempos modernos foi proposto na LDB 9.394/96, conforme vimos anteriormente.

Uma questão que continua atual: como fazer do saber científico um saber escolar, de acordo com os apresentados na LDB 9.394/96?

Uma educação que não se pretenda homogeneizadora nem relativista precisaria adotar uma terceira alternativa, ou seja, colocar em diálogo as diferenças.

> *Essa via, naturalmente difícil de ser trilhada, aposta que a explicitação dos conflitos de opinião, das razões que subsidiam os diferentes sistemas de valores e crenças, é fundamental para fecundar mutuamente os diferentes interlocutores. Em sala de aula, professores de ciências devem ser também agentes desse processo, o qual, evidentemente, completa-se em um trabalho integrado que envolva o conjunto de disciplinas e de docentes da escola.*[49]

Tal trabalho deve levar em conta que a escola é um local de produção de saberes que não são iguais aos científicos nem à reprodução, com nova linguagem, dos saberes cotidianos. Trata-se, em outras palavras, da

---

[49] Renato José de Oliveira. **A escola e o ensino de ciências**, p. 124.

produção de um conhecimento com estatuto próprio, o escolar.

O estudo das relações que envolvem os saberes escolares e os saberes científicos é bastante recente no Brasil.

> *Um olhar retrospectivo nos mostra que as discussões pedagógicas dos anos 1980 parecem não evidenciar a problemática das relações entre saberes científicos e escolares. Em meio à luta para a construção de uma pedagogia crítica, os textos, em sua quase totalidade, contentaram-se em cunhar os saberes escolares genericamente como "conjunto dos elementos essenciais do conhecimento humano", "saber historicamente elaborado pela humanidade", "saberes universais" etc.*[50]

Na década seguinte, o tema das relações entre os saberes científicos e escolares passou a ser discutido em novas bases, constituindo uma verdadeira problemática, a partir dos campos denominados *história das disciplinas escolares* e *didática das disciplinas*.[51]

---

[50] Wagner Rodrigues Valente. **Saber científico, saber escolar e suas relações: elementos para reflexão sobre a didática**, p. 2.

[51] A. Chervel. **História das disciplinas escolares: reflexões sobre um campo de pesquisa.** Na obra, o autor discute as relações entre as ciências, tratadas por ele como ciências de referências, e os saberes escolares, considerados sob a forma de disciplinas escolares, tendo por núcleo principal os conteúdos de ensino.

Os saberes escolares, para Chervel, contrariamente ao que apregoa tradicionalmente, não representam vulgarização dos saberes científicos:

> *São concebidos como entidades sui generis, próprios da classe escolar, independentes, numa certa medida, de toda realidade cultural exterior à escola, e desfrutando de uma organização, de uma economia interna e de uma eficácia que elas não parecem dever a nada além delas mesmas, quer dizer à sua própria história.*[52]

No campo da didática das disciplinas, o trabalho de Yves Chevallard é uma das referências para a discussão das relações entre os saberes científicos e escolares, partindo do Movimento da Matemática Moderna. A principal categoria trabalhada pelo autor, o conceito de *transposição didática*, estabelece a passagem do saber científico para o saber ensinado. No seu modelo, saberes científicos e saberes escolares relacionam-se por fluxos de elemento do primeiro que se inserem no segundo, de tempos em tempos, em razão de crises no saber ensinado. Para ele todo sistema de ensino deve ter seu funcionamento compatível com o ambiente social em que está inserido. *O uso do saber ensinado, com*

---

[52] Ibid, p. 180.

o tempo, produz um envelhecimento desse saber, o que leva à incompatibilização do sistema de ensino com o meio ambiente social.[53]

Partindo do modelo da transposição didática, a compatibilidade, em termos de saberes,

> *...deve ser vista por uma dupla imposição. De um lado, o saber ensinado – o saber tratado no interior do sistema de ensino – deve ser visto pelos sábios/cientistas como suficientemente próximo do saber científico, a fim de não incorrer em desacordo com os matemáticos, o que minaria a legitimidade do projeto social de seu ensino. Por outro lado, e ao mesmo tempo, o saber ensinado deve aparecer como suficientemente distanciado do saber banalizado pela sociedade (e notoriamente banalizado pela escola).*[54]

O modelo da transposição didática expandiu-se para as mais diversas disciplinas e as relações entre os saberes científicos e os escolares ficaram caracterizadas sempre por uma transposição de conteúdos, originários

---

[53] Yves Chevallard. **La transposition didactique: du savoir savant au savoir enseigné**, p. 26.
[54] Yves Chevallard. **La transposition didactique: du savoir savant au savoir enseigné**, p. 26.

do saber científico destinados a serem incorporados como conteúdos escolares.

> *O entendimento dos saberes escolares, ancorado na teoria da transposição didática, dá-se a partir da análise da origem de conceitos que em algum momento fizeram parte do saber científico, e que sofreram um processo de transposição. Assim, dentro da perspectiva da didática das disciplinas, o significado dos conteúdos escolares deverá ser buscado na história das transposições efetuadas para constituí-lo.*[55]

Entretanto, se o modelo da transposição didática não serve como categoria histórica para compreender o significado dos saberes escolares, qual seria o caminho a ser seguido? A História da Ciência pode ser esse caminho. No entanto, não podemos esquecer que a História da Ciência durante muito tempo levada para a sala de aula, simplesmente relatava ou descrevia aqueles aspectos da Ciência que dizem respeito às descobertas científicas, no lugar de refletir sobre a origem e o desenvolvimento desse tipo de atividade humana.

---

[55] Wagner Rodrigues Valente. **Saber científico, saber escolar e suas relações: elementos para reflexão sobre a didática**, p. 6.

> *Abordar a ciência e a tecnologia pela história não é tomá-la como um processo linear, um processo que tenha por referência, simplesmente, a cronologia dos acontecimentos e das transformações; é preciso tomar a história no seu movimento dos contrários, pois é este que permite mostrar por que é inegável que ciência e tecnologia transformaram nossas concepções da vida e do universo e de como revolucionaram as regras segundo as quais opera o intelecto.*[56]

Podemos encontrar respostas em um novo enfoque da História da Ciência, baseado em uma abordagem historiográfica, que procura redefinir o que são práticas científicas. Nessa historiografia, o ponto inicial dos debates ocorre pela recusa da imagem construída das ciências.

> *A redefinição do significado das práticas científicas se coloca contra o discurso dominante que torna as ciências, enquanto sistemas de proposições, sistemas de enunciados que devem ser postos à prova em confronto com a experiência.*[57]

---

[56] Eric Hobsbawn. **Era dos extremos:** o breve século XX, p. 504.

[57] Wagner Rodrigues Valente. **Saber científico, saber escolar e suas relações: elementos para reflexão sobre a didática,** p.6.

Sob esse enfoque, a História das Ciências mergulha nos novos objetos históricos: história dos instrumentos, análises das práticas científicas, tecnologias literárias, história das organizações e escolhas técnico-científicas, focando o debate entre as diferentes idéias existentes no mesmo período. O fazer ciência é um processo longo e não está baseado em descobertas, não é obra de gênios, não é um saber revelado.

O destaque dado à História da Ciência nas recentes pedagogias da educação científica é no sentido de se buscar conexões úteis para as mudanças conceituais que o ensino visa promover. E como devemos trabalhar a História da Ciência, de modo a superar a transposição didática dos livros para a sala de aula?

Primeiro, não podemos esquecer que a Ciência e a tecnologia são parte essencial do mundo atual. Então, que saberes devem ser ensinados nas escolas de Ensino Médio? E como fazer para se estabelecer conexões entre os diferentes conhecimentos? Continuamos ensinando do mesmo modo que fazíamos antes da Revolução Científica nos séculos XVII e XVIII e o anacronismo da situação faz com que a desinformação ocorra já nos primeiros anos escolares.

> *A ciência, tal como foi concebida nos programas de Ensino Médio, impõe aos alunos, logo de início, uma série de axiomas, de regras colocadas como dados estáveis e definitivos. Antes mesmo de fazermos um passeio pela natureza*

> *com os alunos, de constituirmos com eles um conjunto de fenômenos, de trabalharmos pela construção dos fatos, nós lhes apresentamos o modelo final. Essa abordagem esterilizada leva, às vezes, a dar aos alunos respostas para perguntas que eles nem sequer fizeram.*[58]

Por vezes, eles não perguntam. Apenas aceitam!

Como fazer, então, as conexões entre os diferentes conhecimentos por meio da História da Ciência? Tradicionalmente, as pesquisas referem-se às causas primeiras, pelo viés do método analítico. No decorrer dos últimos anos, descobriu-se, após avaliar as relações entre as disciplinas e as pesquisas, que uma abordagem chamada sistêmica permite organizar os conhecimentos de modo diferente e compreender não mais somente pela análise, mas também pela síntese.

Essa síntese pode ser conseguida pela História da Ciência, que mostra a Ciência como uma abordagem, uma forma de compreender o mundo com fortes vínculos temporais e sociais, algo que está norteando uma constante mutação que busca respostas para as necessidades de sua época e não algo como verdade absoluta.

A História da Ciência mostra como o pensamento científico se modifica com o tempo, evidenciando que as teorias científicas não são definitivas e irrevogáveis;

---

[58] Pasquale Nardone. **Teorias cosmológicas e ensino de ciências**, p. 44.

desmistifica o método científico, fornecendo ao estudante os subsídios necessários para que ele tenha uma melhor compreensão do fazer ciência. Além disso, pode transformar as aulas de ciências em mais desafiadoras e reflexivas, possibilitando, dessa maneira, o desenvolvimento do pensamento crítico. A responsabilidade maior no educar com o ensino de ciências é procurar que nossos alunos, com a educação que fazemos, transformem-se em seres humanos mais críticos.

Como observamos nas nossas práticas e vivências, dificilmente um professor abre mão de suas crenças e valores diante da sua sala de aula; portanto todos nós abraçamos mitos pessoais que são facilmente identificados nas nossas ações, nas nossas preferências, e se refletem desde a escolha e recorte dos conteúdos a serem abordados, perpassam todo o processo de ensino e vão até a forma de avaliação e por isso não podem ser desconsiderados.

Aqueles que afirmam deixar "fora da sala de aula" suas preferências e suas crenças deixam apenas fora dela suas consciências, que se mostram incompletas e sem vida para seus alunos – tal qual a ciência que pretendem ensinar.

Referências bibliográficas

CANDOTTI, Ennio. *Ciência, verdade e política*. Pedra Azul (ES): Second International Conference on Fundamental Interactions, 2004.

CAPRA, Fritjof. *O ponto de mutação*. 22ª ed. São Paulo: Cultrix, 2001.

CHARDIN, Teilhard. *O fenômeno humano*. 3ª ed. São Paulo: Cultrix, 1994.

CHERVEL, A. *História das disciplinas escolares: reflexões sobre um campo de pesquisa*. Porto Alegre: Teoria & Educação, n. 2, 1990.

CHEVALLARD, Yves. *La transposition didactique: du savoir savant al savoir enseigné*. Grenoble: La Pensée Sauvage, 1991.

DAMPIER, William C. *Pequena História da Ciência*. São Paulo: IBRASA, 1961.

FERRAROTI, Franco. A Revolução Industrial e os novos trunfos da Ciência e da tecnologia e do poder. *In*: Mayor, Federico; Forti, Augusto. *Ciência e poder*. Campinas: Papirus, Brasília; UNESCO, 1998.

FORTI, Federico. Ciência, Filosofia e Poder na Antiguidade Clássica. In: Mayor, Federico; Forti, Augusto. *Ciência e poder*. Campinas: Papirus, Brasília, UNESCO, 1998.

GLEISER, Marcelo. *Micro Macro: reflexões sobre o homem, o tempo e o espaço*. São Paulo: Publifolha, 2005.

GOSWAMI, Amit. *O universo autoconsciente*. Rio de Janeiro: Rosa dos Tempos, 2003.

HERBERT, Nick. *A realidade quântica*. Rio de Janeiro: Francisco Alves, 1989.

HESSEN, Bóris. *As raízes socioeconômicas dos principia de Newton*. Londres: Segundo Congresso Internacional de História da Ciência e da Tecnologia, 1931.

HOBSBAWN, Eric. *Era dos extremos: o breve século XX – 1914-1991*. São Paulo: Companhia das Letras, 1997.

JAPIASSU, Hilton. *Ciência e destino humano*. Rio de Janeiro: Imago, 2005.

_____. *As paixões da ciência*. 2ª ed. São Paulo: Letras e Letras, 1999.

MAYOR, Federico; FORTI, Augusto. *Ciência e poder*. Campinas: Papirus; Brasília; UNESCO, 1998.

MO SUNG, Jung. Ciência, mito e o sentido da existência. *In*: Pugliesi, Márcio. *Mitologia greco-romana: arquétipos dos deuses e heróis*. São Paulo: Madras, 2003.

NARDONE, Pasquale. Teorias cosmológicas e ensino de ciências. *In*: Morin, Edgar (org.). *A religação dos saberes: o desafio do século XXI*. Rio de Janeiro: Bertrand Brasil, 2002.

OLIVEIRA, Renato José de. *A escola e o ensino de ciências*. São Leopoldo: Unisinos, 2001.

ROSSI, Paolo. *A ciência e a filosofia dos modernos*. São Paulo: UNESP, 1992.

SANTOS, Boaventura de Sousa. *Um discurso sobre as ciências*. 13ª ed. Porto: Afrontamento, 2002.

SCHIEBINGER, Londa. *The mind has no sex?: women in the origins of modern science*. Cambridge: Harvard University Press, 1989.

TRINDADE, Laís dos Santos Pinto. *Ciência e sociedade*. São Paulo: Programa de Doutorado em História da Ciência, PUC-SP, Mimeo, 2007.

VALENTE, Wagner Rodrigues. *Saber científico, saber escolar e suas relações: elementos para reflexão sobre a didática*. Revista Diálogo Educacional, Curitiba, v. 4, n.10, set/dez, 2003.

VARGAS, Milton. *A origem da Alquimia: uma conjectura*. In: Alfonso-Goldfarb, Ana Maria. *Da alquimia à Química*. São Paulo: Landy, 2001.

VOGT, Carlos. *Ciência é garantia de segurança?* Disponível em: <www.comciencia.br>. Acesso em: 13 abr. 2007.

Conquistas femininas: avanços e retrocessos

Ana Paula Pires Trindade
Diamantino Fernandes Trindade

Todos os sistemas humanos de organização são construções culturais. Os comportamentos e as relações sociais são condicionados por normas e costumes elaborados pelos seres humanos. No entanto, enquanto o homem é associado à técnica, a abstração e a cultura, a mulher é associada à natureza. Francis Bacon[59] fazia tal associação e preconizava que conhecer a natureza significava saber

---

[59] Francis Bacon (1561-1626). Foi um político e filósofo inglês. Destacou-se com uma obra onde propunha a Ciência como benefício para o ser humano. Dedicou-se à metodologia científica e ao empirismo. Sua obra mais famosa é o *Novum Organum*.

como dominá-la, explorá-la e colocá-la a serviço do homem, ou seja, conforme suas palavras: *a natureza tem de ser acossada em suas vadiagens, sujeitada a prestar serviços, como uma escrava e o objetivo do filósofo natural é arrancar sob tortura, os seus segredos*. Algumas de suas nefastas ações levaram para a fogueira muitas mulheres acusadas de praticar bruxaria e magia. Talvez ele nunca tenha parado para pensar que a maior de todas as magias só pode ser feita pelas mulheres: dar à luz. Por que será que ele desenvolveu essa fobia pelo sexo feminino???. Essa identificação simbólica da mulher com a natureza tem sido usada, ao longo do tempo, para mantê-la numa situação de ser subalterno. Porém as coisas nem sempre ocorreram desta maneira. Engels[60] diz que nas sociedades primitivas a mulher tinha um papel relevante, pois mesmo ocorrendo a divisão do trabalho por sexos, esta era complementar e não implicava uma relação de subalternidade.

Figura 5: Francis Bacon.
http://commons.wikimedia.org/wiki/Image:Francis_Bacon.jpg

---

[60] F. Engels. **A origem da família, da propriedade e do Estado**.

Em função desta associação com a natureza, historicamente, foram atribuídas a ela as tarefas domésticas, da alimentação e da criação dos filhos, ficando para o homem as funções públicas. Enquanto essas divisões de trabalho ocorriam de maneira equalizada no nível de importância social, a mulher não sofria discriminações nem era relegada a uma posição inferior. No olhar de Brabo[61], *a partir do momento em que houve divisão entre público e privado, iniciou-se o jogo de interesses, a relação de poder, o acúmulo de riquezas, e a mulher passou a ser definida dentro desta concepção, ou seja, o homem como proprietário, o senhor, e a mulher como a sua propriedade, sua dependente.*

Numa época em que não eram consideradas cidadãs, sabe-se que as mulheres sempre trabalharam, assumindo um papel importante no desenvolvimento das cidades medievais e o seu trabalho foi também importante nas primeiras indústrias. Nos séculos que antecederam o século XIX burguês elas foram excluídas dos direitos do cidadão, pois a universalidade dos mesmos não as incluiu. O acesso à universidade e mesmo a outros graus de escolaridade era praticamente restrito a poucas mulheres. No período da Revolução Francesa uma mulher teve grande destaque: Olympe de Gourges sugeria que deveria haver co-presença política e social de homens e mulheres e uma mesma dignidade para

---

[61] Tânia Suely Antonelli Marcelino Brabo. **Cidadania da Mulher Professora**.

ambos os sexos. Reivindicava o direito de exercer uma profissão além de lutar pela abolição da escravidão negra e da pena de morte e também uma atenção maior à maternidade. Apesar da forte resistência masculina, as mulheres francesas conquistaram alguns direitos e a semente do feminismo começou a germinar com a criação de associações de mulheres revolucionárias. Em 1789, Olympe e mais 374 mulheres foram guilhotinadas, acusadas de comportamento masculino e esquecimento das virtudes do sexo feminino.

A História registra marcos importantes da emancipação feminina. *Como sujeito histórico não foi fácil à mulher sua presença num mundo predominantemente masculino e preconceituoso, pois ela não só precisou de inteligência, mas de competência, perseverança e astúcia para emancipar-se dos limites que a sociedade lhe impunha. A literatura e a história universal registram que desde os seus primórdios, as mulheres foram inovadoras competentes e inteligentes, cujas figuras vale a pena relembrar.*[62]

Ariadne, inteligentemente, escapou do castelo em que estava presa por meio de um simples novelo de linha, *o fio de Ariadne*. Ulisses foi lutar na guerra de Tróia e por lá ficou durante vinte anos. Sua fiel esposa Penélope, para despistar um grande número de pretendentes, fez a promessa de aceitar um deles quando

---

[62] Maria José Teixeira Lopes Gomes. **A condução da mulher na história e na literatura.**

terminasse seu bordado confeccionado durante o dia e, que com grande argúcia, desmanchava durante a noite, mostrando sua independência mental e de espírito ao encontrar uma opção para o seu dilema de esperar o seu esposo, quando todos acreditavam que ele não mais retornaria. Para uma mulher dessa época era algo raro.

> *Dados históricos apontam que foram as francesas as primeiras a ler, estudar, e discutir Filosofia, embora as pioneiras como Madame Stael, Madame Lafayette e Amandine Lucien, Aurore Dupin foram criticadas e ridicularizadas, esta última usou o pseudônimo de George Sand para publicar seus romances. Outras européias tiveram que se disfarçar de homens para terem acesso a fóruns privilegiados da cultura ou da política, como foi o caso de Flora Tristan que se vestiu de homem para entrar na Câmara dos Comuns em Londres.[63]*

No final do século XIX, a russa Andréas Salomé cercou-se de uma constelação de grandes nomes da cultura ocidental e dialogava de igual para igual. Escreveu e publicou cerca de vinte livros, brilhando no Círculo de Viena, despertando a paixão de vários intelectuais da época, influenciando intelectuais como Nietzche, Rilke e Tolstoi e sendo colaboradora de Freud.

---

[63] Ibid.

As conquistas femininas foram marcadas por avanços e retrocessos. Ainda durante o século XIX as diferenças de tratamento entre o homem e a mulher, no mercado de trabalho e no âmbito social foram se tornando mais acentuadas. As mulheres recebiam salários menores e eram colocadas em segundo plano nos processos de decisão, nos locais de trabalho, nos sindicatos e nos partidos políticos. Eram ainda obrigadas a trabalhar em jornada dupla além de se submeterem às precárias leis de proteção à maternidade.

Em 8 de março de 1875, 129 trabalhadoras de uma indústria de tecidos de New York morreram queimadas na fábrica após um protesto contra as precárias condições de trabalho, redução da jornada de trabalho e igualdade salarial com os homens. Em 1975, a ONU oficializou o dia 8 de março como o Dia Internacional da Mulher.

Destacamos, neste texto, alguns feitos femininos notáveis nos campos da Ciência, da Educação e do conhecimento em geral. A explicação de alguns conceitos filosóficos é necessária para melhor entender o que vamos escrever. No século XVII surgiu na Filosofia uma ramificação denominada epistemologia que, pode ser entendida como *o estudo crítico dos princípios, hipóteses e resultados de diversas ciências*. De acordo com Hessen,[64] no conhecimento encontram-se frente a frente a consciência e o objeto, o sujeito e o objeto.

---

[64] J. Hessen. **Teoria do conhecimento.**

Historicamente, da epistemologia surgem três aspectos sobre o papel do cientista (sujeito) para introduzir conhecimento: o empirismo, o racionalismo e o interacionismo. No empirismo, relacionado aos nomes de Bacon, Locke e Hobbes, parte-se do pressuposto da primazia do objeto em relação ao sujeito. Assim, neste aspecto o cientista assume um papel passivo, pois a principal fonte do conhecimento reside no objeto. No racionalismo, relacionado a Descartes e Leibniz, supõe-se a primazia do sujeito em relação ao objeto, já que toma a razão, a capacidade humana de pensar, avaliar, conceber relações entre determinados elementos como principal fonte de conhecimento. Já no interacionismo, o conhecimento produzido é o resultado de interiorizações mantidas como realidade. Neste caso, as verdades da Ciência seriam então, históricas e, nunca neutras.

Para Einstein,[65] *o observador que pretenda observar uma pedra, na realidade observa, se quisermos acreditar na Física, as impressões da pedra sobre ele próprio. Por isso a Ciência parece estar em contradição consigo mesma: quando se considera objetiva, mergulha contra a vontade na subjetividade.*

O empirismo e o racionalismo causam um profundo afastamento entre a razão e a emoção, o objetivo do subjetivo, o corpo do espírito, característicos de uma

---

[65] Albert Einstein. **Como Vejo o Mundo**.

sociedade patriarcalista. Para Furlanetto,[66] *o dinamismo patriarcal, devido à sua grande capacidade de abstração, possibilitou a organização das normas e dos limites, o afastamento do ser humano de seu corpo e de suas emoções.* No dinamismo patriarcal, para conhecer é necessário um afastamento do objeto a ser estudado e do conhecimento em totalidade. Limita as interações, as transformações e a criatividade. Já o dinamismo matriarcal possibilita uma proximidade entre o "eu" e o "outro". Neste dinamismo, o aprender não resulta em afastar-se do objeto a ser conhecido, mas interagir com ele para que a partir dessa simbiose, possa ser captado em sua totalidade. Com o modo não-dual de conhecer, o conhecedor se sente em comunhão com tudo o que é conhecido.

Ao longo do tempo algumas mulheres ignoraram o dinamismo patriarcal dominador e mergulharam, sem medo, no dinamismo matriarcal. Uma delas foi a polonesa Marie Curie que, juntamente com Pierre Curie e Henry Becquerel, abriram o caminho para o entendimento da radioatividade. Estabeleceram uma nova técnica para o estudo das substâncias radioativas. Em 1898, descobriram o elemento polônio e foram laureados com o Prêmio Nobel de Física.[67] Quando

---

[66] Ecleide C. Furlanetto. **A sala de aula interdisciplinar vista como um vaso alquímico.**
[67] No site da Fundação Nobel, www.nobel.se, pode-se obter informações sobre os laureados desde 1901.

do falecimento do seu esposo, Pierre Curie, tornou-se a primeira mulher a ocupar uma cátedra na Universidade de Paris que antes era ocupada por ele. Em 1911, Marie Curie foi novamente laureada com o Prêmio Nobel, desta vez de Química, pela descoberta do elemento químico rádio. Durante a Primeira Guerra Mundial orientou a construção de veículos dotados de aparelhos de raios-X que eram utilizados para a detecção de fraturas dos soldados no campo de batalha. Ela era uma das pessoas que dirigia os veículos, carinhosamente chamados de "os pequenos Curies". Faleceu, vítima de leucemia, em 1934.

Figura 6: Marie Curie.
http://pt.wikipedia.org/wiki/Marie_Curie

Muito antes de Marie Curie, a matemática Hipátia de Alexandria (370-415) destacava-se com seu trabalho na Biblioteca de Alexandria. Foi assassinada por um grupo de fanáticos monges cristãos.

Figura 7: Hipátia de Alexandria.
http://pt.wikipedia.org/wiki/Imagem:Hypatia.jpg.
Gravura de Gasparo.

Perez-Sedeño[68] cita alguns destaques femininos da Ciência:

Maria Agnesi (1718-1799), destacada nos estudos da geometria, havendo uma curva que leva seu nome; Sophie Germain (1850-1891), autora do trabalho na teoria dos núme-

---

[68] Eulália Perez Sedeño. **La enseñanza de la historia de lãs ciências y los estúdios sobre la mujer.**

ros e sobre vibração em superfícies esféricas; Sonya Kovalevsky (1850-1891) é referência quando se explicam integrais e funções abelianas,[69] *curvas definidas por equações diferenciais e a teoria das funções potenciais; Emmy Noether (1882-1935), que tem destaque por formulações matemáticas de diversos conceitos da teoria da relatividade e por seus trabalhos em operadores diferenciais e álgebra comutativa. Na área de física e da astronomia, a autora faz referência a Maria Cunitz (1610-1664), que simplificou as tabelas dos movimentos planetários de Kepler; Caroline Lucrecia Herschel (1750-1848), uma britânica, nascida alemã, considerada o maior nome feminino na astronomia, por suas observações e descobrimentos de oito cometas e quatro nebulosas; Maria Mitchel (1818-1848), estadunidense que descobriu um cometa e fez estudos significativos sobre a composição dos anéis de Saturno.*

Durante a Segunda Guerra Mundial a condição da mulher sofreu sensíveis mudanças. O espaço do lar foi deixado de lado e a mulher ingressou no mundo do

---

[69] Referência ao matemático norueguês Niels Abel, o primeiro a demonstrar a impossibilidade de resolver por processos elementares de álgebra geral equações com grau superior a quatro.

trabalho. Lise Meitner, física austríaca que, em 1939, juntamente com Otto Frisch, descobriu como funcionava o processo da fissão nuclear, foi convidada para fazer parte do Projeto Manhattan da fabricação da bomba atômica. A sua descoberta foi fundamental para o desenvolvimento do terrível artefato nuclear, porém como era pacifista recusou-se a participar de qualquer projeto para a fabricação da bomba. Numa conferência, em 1959, ela contou que publicava seus artigos de divulgação em uma revista popular assinados apenas com seu sobrenome, pois como mulher não teria seus artigos aceitos. Conta ainda que Max Planck achou estranho que ela quisesse assistir a seus seminários e dizia: *já possuis o doutoramento, o que mais necessitas?*

Figura 8: Lise Meitner e Otto Hahn Frisch.
http://commons.wikimedia.org/wiki/Image:
Otto_Hahn_und_Lise_Meitner.jpg

Após a guerra seu valor foi reconhecido e recebeu prêmios importantes como o Fermi, a medalha Max Planck e a medalha Leibniz. Em 1992, o elemento 109, produzido em reatores nucleares, recebeu o nome de Meitnério pela União Internacional de Química Pura e Aplicada.

> *Sobre a quase ausência de mulheres na História da Ciência, não deixa de ser significativo que, ainda nas primeiras décadas do século XX, a Ciência estava culturalmente definida, como uma carreira imprópria para a mulher, da mesma maneira que, ainda na segunda metade do século XX, se dizia quais eram as profissões de homens e quais as de mulheres.*[70]

Infelizmente nem sempre a carreira das mulheres na Ciência é algo fácil. O dinamismo patriarcal preconceituoso tem causado vários dissabores às cientistas. Em 2006, o reitor da Universidade de Harvard, Lawrence Summers, causou polêmica entre os acadêmicos quando sugeriu que as mulheres possuem menor capacidade em Ciência e em Matemática do que os homens. Summers disse que a teoria de que os homens são naturalmente mais capazes que as mulheres em ciências é fundamentada em uma pesquisa e não em sua opinião

---

[70] Attico Chassot. **A Ciência é masculina?**

pessoal. Leda Cosmides, psicóloga da Universidade da Califórnia em Santa Bárbara, respondeu aos comentários de Summers dizendo que a evolução de fato forjou diferenças no modo de pensar e agir de homens e mulheres, porém tais diferenças não ajudam a explicar o porquê de haver mais pessoas do sexo masculino do que femininas em carreiras ligadas a Matemática e ciências exatas. Ao lembrar de Marie Curie e Lise Meitner, duas entre muitas brilhantes cientistas, percebe-se como foram infelizes as declarações de Mr. Summers.

É oportuno lembrar que em muitas situações as mulheres demonstram maior habilidade do que os homens no trato com determinadas máquinas, uma inegável evidência que as mãos femininas, afeitas aos trabalhos domésticos, podem também lidar com um torno com a mesma habilidade com que bordam e costuram. Ao comentar o preconceito machista do seu pai, Lygia Fagundes Telles cita a famosa frase irônica de Freud: *Mas afinal o que querem as mulheres?* Diz então: *da minha parte eu quero apenas entrar para a Faculdade de Direito do largo do São Francisco, respondi ao meu pai. Lembrei ainda que poderia trabalhar para pagar esses estudos.*

Em 1837, foi criado no Rio de Janeiro, o Colégio D. Pedro II, uma escola oficial que deveria atender a uma nova proposta: era exclusivo para rapazes e considerado padrão em excelência. Um ano depois, Nísia Floresta fundou, na mesma cidade, o Colégio Augusto Comte que causou polêmica, por instituir uma educação feminina totalmente inovadora para a época.

Funcionou por dezessete anos ensinando francês, inglês, italiano, geografia, história e educação física. Por se insubordinar contra a mentalidade patriarcal hegemônica da época, ao manter uma escola que se preocupava mais com a instrução do que o bordado e a costura, foi duramente atacada por seus contemporâneos adeptos do dinamismo patriarcal.

Numa época em que o ensino superior era proibido para mulheres no Brasil, a carioca Augusta Generoso Estrela (1860-1948) foi a primeira mulher brasileira e sul-americana a se formar em medicina. Matriculou-se em 17 de outubro de 1876 no New York Medical College and Hospital for Women. Seu pai, Albino Augusto Generoso Estrela, era o representante da Bristol Company no Brasil. Quando, em 1877, essa empresa faliu, ele não podia mais custear os estudos da filha em Nova Iorque. O Imperador D. Pedro II, quando soube do fato, estipulou, por decreto, uma bolsa para cobrir os gastos da faculdade e as suas despesas gerais. Formou-se em 1879, mas só pôde receber o diploma em 1881, pois os estatutos do New York Medical College and Hospital for Women só permitiam a expedição do diploma para maiores de idade. Em 1882, regressou ao Brasil e exerceu intensa atividade médica até o seu falecimento. Em 19 de abril de 1879, entrou em vigor, pelo Decreto 7247, a Reforma Leôncio de Magalhães que abriu as instituições de Ensino Superior às mulheres. Rita Lobato Velho Lopes (1867-1954), natural do Rio Grande do Sul, foi a primeira brasileira a estudar medicina em território brasileiro. Cursou o primeiro ano na Faculdade de Medicina do Rio de Janeiro, transferindo-se depois para a Faculdade de Medicina da Bahia, onde concluiu o curso em 1887, especializando-se em pediatria e ginecologia. Venceu a hostilidade e o preconceito dos colegas e professores, conquistando aos poucos sua simpatia, até receber do corpo docente da tradicional faculdade baiana as maiores considerações.

Rita Carolina, mãe de Rita Lobato, faleceu antes da formatura da filha. Antes de sua morte fez a seguinte recomendação à filha:

"Minha filha, se fores médica algum dia pratica sempre a caridade."

Figura 9: Rita Lobato Velho Lopes.
pt.wikipedia.org/wiki/Rita_Lobato

Felizmente, com o passar do tempo, a situação foi mudando e hoje as mulheres trabalham e estudam em igualdade de condições com os homens em todos os níveis escolares. O tempo da *Rainha do Lar* esgotou-se. O movimento feminista não estacionou e estudos apontam que a inserção da mulher em todas as áreas do conhecimento é uma realidade global. Os homens da nossa época assimilam melhor a ascensão feminina, porém ainda não é possível dizer que **ao lado de uma grande mulher existe sempre um grande homem.**

Referências bibliográficas

BRABO, Tânia Suely Antonelli Marcelino. *Cidadania da Mulher Professora*. São Paulo: Icone, 2004.

CHASSOT, Attico. *A ciência é masculina?* São Leopoldo (RS): Unisinos, 2003.

CLARK, George L. & HAWLEY, Gessner G. *Enciclopédia de Química*. Barcelona: Omega, 1961.

CREMEP, Jornal. *Médicas conquistam novos mercados de trabalho*. Disponível em <http://www.portalmedico.org.br/Regional/crmpe/jornal/Jan_Fev_2003/Profissao.htm> Acesso em 31/12/2007.

ENGELS, F. *A origem da família, da propriedade e do Estado*. Rio de Janeiro: Civilização Brasileira, 1974.

EINSTEIN, Albert. *Como Vejo o Mundo*. 21ª ed. Rio de Janeiro: Nova Fronteira, 1981.

FURLANETTO, Ecleide. *A sala de aula interdisciplinar vista como um vaso alquímico*. São Paulo: mimeo, 2001.

GOMES, Maria José Teixeira Lopes. *A condução da mulher na história e na literatura*. João Pessoa: Academia Feminina de Letras da Paraíba, 2006.

HESSEN, J. *Teoria do conhecimento*. São Paulo: Martins Fontes, 2003.

NETSABER. Biografia de Rita Lobato Velho Lopes. Disponível em <http://www.netsaber.com.br/biografias> Acesso em 31/12/2007.

_____. Biografia de Augusta Generoso Estrela. Disponível em <http://www.netsaber.com.br/biografias> Acesso em 31/12/2007.

PRIORE, Mary Del (org.). *História das Mulheres no Brasil*. São Paulo: Contexto, 2004.

PEREZ-SEDEÑO, Eulália. *La enseñanza de la historia de las ciencias y los estúdios sobre la mujer*. Rio de Janeiro: Revista da Sociedade Brasileira de História da Ciência. n.7, 1992.

TRINDADE, Diamantino Fernandes. *O Ponto de Mutação no Ensino das ciências*. São Paulo: Madras, 2005.

TRINDADE, Diamantino Fernandes & TRINDADE, Lais dos Santos Pinto. *Os Caminhos da Ciência e os Caminhos da Educação no Brasil*: Ciência, História e Educação na sala de aula. São Paulo: Madras, 2007.

A didática do ensino da matemática na educação de jovens e adultos

Elisabete Teresinha Guerato

1. A legislação oficial e o ensino da matemática

Para se falar em Didática do Ensino da Matemática na Educação de Jovens e Adultos (EJA) para o Ensino Fundamental, precisamos em primeiro lugar saber o que a legislação oficial diz a respeito desse assunto.

O governo federal nos remete aos Parâmetros Curriculares Nacionais para o Ensino Fundamental (PCNs), um documento com mais de duzentas páginas e que diz como o Ministério da Educação (MEC) espera que a Matemática seja ensinada no Ensino Fundamental.

Para adaptar os PCNs para a EJA,[71] em 2002, o Ministério da Educação (MEC) e o Instituto Nacional de Estudos e Pesquisas Educacionais Anísio Teixeira (INEP) organizaram o *Encontro Nacional de Certificação de Competências de Jovens e Adultos* (ENCCEJA) que gerou uma série de documentos com referenciais para a Educação de Jovens e Adultos. Entre eles, temos o *Livro Introdutório: Documento Básico* de onde tiraremos algumas diretrizes relacionadas ao ensino da Matemática no Ensino Fundamental da EJA.

2. A matemática segundo o ENCCEJA

Segundo este documento, aprender Matemática é um direito básico desses jovens e adultos e, portanto o papel desta área de conhecimento é atender suas necessidades individuais e sociais. A falta de domínio do pensamento matemático dificulta o acesso às posições de trabalho uma vez que a nossa sociedade depende cada vez mais do conhecimento tecnológico.

Segundo o documento, quando se pensa a educação matemática e sua apropriação por jovens a adultos com pouca escolarização, temos que:

---

[71] Educação de Jovens e Adultos.

- Jovens e adultos têm o direito de se apropriar de conhecimentos matemáticos para não serem discriminados, inferiorizados;
- Jovens e adultos têm o direito de se apropriar de conhecimentos matemáticos, de forma coerente e compatível com os saberes que construíram ao longo de sua vivência.

Desta forma, a Matemática ensinada deve ter por um lado, um caráter prático para que este sujeito possa utilizá-la nos problemas do seu dia-a-dia e, por outro lado, deve contribuir para o desenvolvimento do seu raciocínio lógico-matemático.

Quanto maior a quantidade de conhecimentos trabalhados com estes alunos, maior será a contribuição no sentido de torná-los cidadãos inseridos na sociedade e no mundo da tecnologia e do trabalho. Desta forma, não se deve restringir o ensino da Matemática ao ensino da aritmética e a álgebra, mas também à geometria, ao estudo das medidas e também a atividades que envolvam o raciocínio combinatório e probabilístico e às análises estatísticas.

Além disso, o aluno deve adquirir competências que o levem a estimar resultados e a usar a tecnologia disponível, como por exemplo, no uso das calculadoras eletrônicas e do computador.

Um aspecto importante é o que envolve a contribuição das aulas de Matemática na aprendizagem e domínio da língua materna. Assim, sempre que possível, o professor deve apresentar situações onde o aluno deve ler e interpretar problemas com situações matemáticas por meio do raciocínio e também sugerir que o aluno elabore pequenos textos ou ainda relatórios onde ele tenha que treinar o ler e o escrever mesmo que esteja neste momento aprendendo Matemática.

Ao resolver problemas matemáticos, os alunos descobrem-se capazes de raciocinar e encontrar soluções diante de desafios não só matemáticos, mas do seu cotidiano também possibilitando o exercício da cidadania em sua plenitude.

Concluindo, para dimensionar o papel da Matemática na formação de um jovem ou de um adulto é importante que se discuta, de um lado, a natureza desse conhecimento, suas características principais e seus métodos particulares; de outro, é fundamental discutir suas articulações com outras áreas de conhecimento e suas efetivas contribuições para a formação da cidadania e para a constituição de sujeitos da aprendizagem.

3. Matrizes de matemática: a matemática no ensino fundamental

Por último analisaremos um documento que a Secretaria Municipal de Educação da Cidade de São Paulo enviou às escolas municipais desta cidade no início de 2007 e que diz o que esta secretaria espera que os professores dessas escolas ensinem na disciplina de matemática para os alunos do Ensino Fundamental.

Este documento diz que a Matemática, como um corpo estático e acabado de conhecimentos produzidos por algumas cabeças geniais, foi reavaliada e que desde meados do século passado considera-se a sua interdependência com as outras áreas de conhecimento. Diz ainda que a Matemática deve ser considerada como a construção do conhecimento que trata das relações qualitativas e quantitativas entre espaço e tempo e que esta é uma atividade humana que trata de padrões, da resolução de problemas, do raciocínio lógico etc., na tentativa de compreender o mundo e fazer uso deste conhecimento.

Segundo este documento, a maioria das profissões e trabalhos técnicos exige conhecimentos matemáticos, ou seja, desenvolver competências matemáticas é parte fundamental na Educação das crianças, pois as idéias e os conceitos matemáticos são ferramentas para atuar sobre a realidade e o mundo que as cerca. O conceito de competência enfatiza que o aluno é capaz de fazer com os conhecimentos que adquiriu muito mais do que o domínio formal dos conceitos.

A alfabetização matemática deve fornecer competências para que o aluno seja capaz de analisar, raciocinar e comunicar o enunciado; formular e resolver problemas em contextos e em diversas situações. Desta forma, ao término do Ensino Fundamental, o aluno deverá ser capaz de utilizar o que aprendeu em situações usuais da vida cotidiana e não se restringir apenas a mostrar o conhecimento dos conteúdos desenvolvidos em suas aulas.

Dessa maneira, o documento sugere que se ensine a Matemática organizada de modo a atender as grandes áreas temáticas: números e operações, espaço e forma, grandezas e medidas e tratamento da informação.

4. Por que e para que aprender matemática?

Conforme Neves e Carvalho (*apud* Scielo, 2006), a Matemática é um veículo para a construção de novas perspectivas e convicções e que colabora para que se conheça a realidade, a cultura e a sociedade. Ela ajuda as pessoas a serem mais conscientes e críticas, pois estas, na sua aprendizagem, descobrem mais sobre si mesmas, sobre a sua realidade e sobre o mundo. Tornam-se capazes de fazer melhores julgamentos e de tomar decisões. Aprendem a duvidar e a perguntar, a ouvir opiniões, compará-las e respeitar o direito de escolha de cada pessoa.

Vamos abordar alguns pontos que indicam a importância de se aprender matemática.

- Contribui para o desenvolvimento de atitudes solidárias, de co-responsabilidade e de tolerância.
- Possibilita o desenvolvimento de pensamento e sua aplicação na solução de problemas do dia-a-dia.
- Favorece a realização de atividades ligadas ao mundo do trabalho.
- Permite o acesso a diferentes áreas do conhecimento.

5. O ensino da matemática na EJA

A Organização das Nações Unidas para a Educação, a Ciência e a Cultura (UNESCO) é um ramo da Organização das Nações Unidas (ONU), fundada em 16 de novembro de 1945 com o objetivo de contribuir para a paz e segurança no mundo mediante a educação, a ciência, a cultura e as comunicações.

Em 1990, a UNESCO iniciou o *Movimento Educação Para Todos*[72] que é um compromisso mundial para promover uma educação básica de qualidade para todas as crianças e a todos os jovens e adultos. Esse movimento se iniciou durante a *Conferência Mundial sobre a Educação para Todos* que ocorreu nesse ano em Jomtien na Tailândia.

Nesta conferência, delegados de 155 países, além de representantes de ONGs[73] destes países, elegeram metas para a educação mundial para os dez anos seguintes que tinham como principal objetivo tornar a educação primária acessível a todas as crianças do mundo.

Para que esse objetivo fosse alcançado foram definidas algumas estratégias a serem seguidas, princi-

---

[72] Em 2000, A UNESCO, percebendo que o objetivo traçado para 10 anos não seria atingido por muitos países, promoveu uma nova reunião em Dacar (Senegal) e reiterou seu compromisso de promover Educação para todos até 2015.

[73] Organizações não-governamentais.

palmente pelos países em desenvolvimento. Inspirado nestas estratégias, a Secretaria Municipal de Educação da Cidade de São Paulo lançou as três primeiras proposições a seguir e acrescentou a quarta.

Estas proposições foram sugeridas por um documento lançado pela Divisão de Orientação Técnica da Educação de Jovens e Adultos (DOT-EJA) da Secretaria Municipal de Educação, intitulada: Coleção Círculos de Formação, livro 3 – *Mergulhados em Números: A Matemática na EJA em São Paulo em 2004.*

Primeira proposição

A educação tem início no momento em que nascemos e se estende por toda a vida. Isso quer dizer que as pessoas, inclusive os educadores e os educandos estão sempre aprendendo. E aprendendo nas mais variadas situações. Isso implica considerar que: além de conhecimentos e representações sobre situações vividas ou observadas, jovens e adultos pouco ou não escolarizados possuem valores, atitudes e crenças construídas em seus percursos, pessoais; a educação e o processo de aprendizagem ocorrem em diferentes momentos da vida das pessoas, na interação com os outros.

Segunda proposição

O processo educativo deve estar conectado às necessidades básicas das populações, portanto, os conteúdos ensinados e as aprendizagens esperadas devem levar em conta o que os jovens e adultos precisam saber para viver de maneira plena; as escolhas sobre o que ensinar, devem buscar soluções para os problemas do contexto em que vivem os educandos; as necessidades de aprendizagem das pessoas devem ser investigadas pelos educadores a partir do conhecimento da vida de seus educandos e da realidade dos locais em que vivem, tal investigação também deve ser feita pelos próprios educandos a partir da identificação dos problemas que os afetam e da busca de soluções para eles.

Terceira proposição

A aprendizagem deve ter lugar central no processo educativo. Desta maneira, o educador deve criar variadas oportunidades de aprendizagem, em vez de cumprir listas de conteúdos e de reproduzir práticas de ensino tradicionais; valorizar os saberes prévios que os jovens e adultos possuem e que são adquiridos em suas trajetórias de vida e considerar que se aprende muito mais do que aquilo que se deseja ensinar.

Quarta proposição

É necessário conhecer Matemática para poder conectá-la ao que os educandos consideram necessário aprender e, com isso, informar, formando. Isso significa que, para fazer escolhas sobre quais aprendizagens são úteis e necessárias à vida e sobre como a Matemática pode colaborar para o desenvolvimento pleno das pessoas, é necessário que o educador conheça os objetos de que se ocupa a Matemática e possa adaptá-los para alcançar a aprendizagem; que se estabeleçam conexões entre os conteúdos da Matemática e o cotidiano, os saberes e as necessidades de aprendizagem dos educandos; que se redefina o papel do educador visto não mais como aquele que expõe e transmite conhecimentos, mas como organizador das aprendizagens. Para desempenhar este papel, ele precisa conhecer as condições de vida de seus educandos, o contexto em que vivem, seus saberes prévios, suas expectativas e necessidades de aprendizagem. Assim, poderá escolher conteúdos e atividades que possibilitem o alcance dos objetivos de aprendizagem traçados. O educador também é animador do processo de aprendizagem. Ele estimula a comunicação, a sistematização e a formulação de propostas por parte dos educandos e a cooperação entre todos; e finalmente que se redefina o papel do educando, para que ele seja capaz de fazer escolhas sobre o que quer aprender, a partir de seus saberes prévios e de suas reais necessidades. Ele deixa de ser aquele que nada sabe, capaz somente de receber informações produzidas, para ocupar um lugar central nas escolhas sobre o que e como estudar, compartilhando este lugar com os educadores.

6. Experiência pessoal

Sou licenciada em Matemática há 27 anos e neste tempo todo venho trabalhando com a Educação de Jovens e Adultos.

Até o ano de 1991, fazia um trabalho meramente conteudista. Minhas aulas e as minhas avaliações nas turmas de EJA eram semelhantes às que fazia com as crianças no Ensino Regular.

Neste ano, tomei contato com as idéias de Jean Piaget (1896 – 1980), que, segundo Smole (2005), foi um biólogo suíço, que através dos seus estudos acerca do desenvolvimento cognitivo e da construção do pensamento lógico-matemático deu uma grande contribuição para o ensino da matemática no sentido de entender como o aluno aprende através da construção do conhecimento.

Segundo Becker, para Piaget, nos tornamos matemáticos enquanto construímos as estruturas de pensamento que nos levam a pensar matematicamente. De acordo com este autor, na visão piagetiana, tornar-se humano, construir a inteligência é tornar-se lógico-matemático, é pensar lógico-matematicamente e construir uma condição fundamental para compreender o mundo.

Piaget apresenta três tipos de conhecimento que o aluno usa para se relacionar com o mundo; o conhecimento físico, o conhecimento social e o lógico-matemático e para usar destes conhecimentos precisa de uma estrutura lógico-matemática para construir conhecimentos sobre o mundo físico e social. No caso dos objetos matemáticos, que não existem de forma acabada, é necessário que o aluno os crie interiormente, não basta que alguém os apresente de fora para dentro para que elas os interiorizem.

Os alunos elaboram seu conhecimento lógico-matemático à medida que constroem relações mais complexas sobre outras mais simples que eles mesmos criaram. Para ampliar seus conhecimentos matemáticos não basta que alguém transmita estes conhecimentos ao aluno, é necessário que ocorra um processo interno ao sujeito.

Desta forma, antes das pesquisas de Piaget, acreditava-se que a criança aprendia matemática devido a ações do adulto e devido a repetições de fatos conhecidos pelos adultos até que as crianças se familiarizassem a eles. Após os estudos de Piaget houve uma mudança significativa na didática da matemática uma vez que se refletiu sobre o fato da aprendizagem da matemática não ocorrer por transmissão social de um adulto que fala a uma criança que ouve passivamente, mas sim do professor que cria condições para que o aluno aprenda, daquele que desafia o mesmo a aprender, a pensar por si só, a analisar e a questionar aquilo que a escola deseja que ele aprenda. Desta forma o papel do professor deixa de ser apenas o de ensinar, mas passa a ser o de mediador da aprendizagem e o aluno deixa de simplesmente aprender um conteúdo para atribuir um significado para aquilo que aprende.

A partir desta idéia muda o papel de professor que não é mais de transmitir, mas de criar as condições para que o aluno aprenda, de desafiá-lo a pensar por si mesmo, a analisar, a questionar aquilo que a escola deseja que ele aprenda.

A visão de Piaget do ser humano é a de um ser que além de modificar o meio em que vive, tem a capacidade de modificar a si mesmo e é esta transformação que origina o conhecimento.

Desta forma, surge o construtivismo que é uma interação entre a condição que os seres humanos dispõem ao nascer e sua atividade transformadora do meio. Nesse sentido, o conhecimento não é algo que se produz sem razão, mas sim é o resultado de um processo adaptativo decorrente de uma necessidade. O sujeito encontra uma necessidade e para enfrentá-la precisa modificar seus conhecimentos antigos, abandonando crenças anteriores para poder dar um passo adiante. Por isso o conhecimento é um processo de criação e não de repetição.

A partir destas idéias minha prática se transformou. Percebi que não se pode considerar o aluno adulto como sendo uma "página em branco" e passei a dar muita importância ao conhecimento e à experiência de vida que este aluno traz de sua vivência como ser humano e cidadão. Procuro mostrar a meus alunos que, embora eles não tenham consciência, eles já têm uma boa bagagem de conhecimento em matemática. Incentivo e provoco meu aluno a usar a matemática que ele já conhece ou que ele já usa mesmo sem saber.

As atividades desenvolvidas com estes alunos são, em geral, práticas ou fundamentadas em problemas com textos ligados aos seus conhecimentos anteriores.

Como trabalho com Ensino Fundamental, a sistematização nem é tão importante, o principal é que ele desenvolva o raciocínio lógico-matemático, que aprenda ferramentas que poderão ajudá-lo no seu serviço ou mesmo em sua casa. Uma vez dominando o raciocínio matemático, a sistematização pode ser feita durante o Ensino Médio.

Segundo os Parâmetros Curriculares Nacionais (PCNs) as propostas elaboradas no período 1980/1995, em diferentes países, apresentaram pontos em comum para o ensino da matemática. São elas:

- O ensino da Matemática passa a ser visto como o caminho para a aquisição de competências básicas necessárias à formação de cidadãos e não apenas voltadas para a preparação de estudos posteriores;
- Passa a ser de suma importância o papel do aluno na construção do seu conhecimento;
- É dada muito ênfase na resolução de problemas, na exploração da Matemática a partir dos problemas vividos no cotidiano e encontrados nas várias disciplinas;
- Passa a ser importante o trabalho com uma quantidade maior de conteúdos, incluindo já no ensino

fundamental, por exemplo, elementos de estatística, probabilidade e combinatória para atender à demanda social que indica a necessidade de abordar esses assuntos;
- Considera-se a necessidade de levar os alunos a compreender a importância do uso da tecnologia e a acompanhar sua permanente renovação.

Analisando os pontos citados acima observamos que esta didática que procuro usar nas minhas aulas está totalmente de acordo com este documento.

Procuro, nas minhas aulas usar sempre a resolução de problemas como ferramenta para levar o aluno à construção do conhecimento, sempre aproveitando a sua vivência e o seu conhecimento anterior.

Outro aspecto citado que procuro sempre contemplar é a diversificação de conteúdos, alternando entre o estudo da álgebra, da geometria, da estatística e das medidas procurando sempre relacionar com o concreto e a vivência do aluno.

Outro aspecto importante que procuro contemplar com freqüência é a ligação entre os conteúdos, como por exemplo, o uso da geometria para a aprendizagem das medidas ou o uso das medidas para se aprender a estatística e assim por diante.

Para exemplificar como esta didática dá bons resultados lembro uma ocasião em que a Secretaria da educação enviou para a escola profissionais do SENAC para trabalhar os itinerários formativos com meus alunos e quando um dos professores da área de telemarketing tentou usar em sua aula conceitos que usavam porcentagens e estatística e se confundiu na explicação, uma aluna levantou-se, foi ao quadro e explicou satisfatoriamente os conceitos matemáticos o que mostrou que as aulas que ela teve comigo tiveram o efeito desejado.

Referências bibliográficas

BRASIL. Ministério da Educação. *Livro Introdutório do ENCCEJA:* Documento Básico. Brasília, 2002.

DIVISÃO DE ORIENTAÇÃO TÉCNICA DA EDUCAÇÃO DE JOVENS E ADULTOS (DOT-EJA). Coleção Círculos de Formação. Livro 3. *Mergulhados em Números:* A Matemática na EJA. São Paulo, 2004.

FINI, M. E. *Matemática no Ensino Fundamental:* Matrizes de Matemática, (documento 3). Prefeitura Municipal de São Paulo. Secretaria de Educação, 2006.

NEVES, M. do C.; CARVALHO, C. *A importância da Afetividade na aprendizagem da Matemática em Contexto Escolar:* um estudo de caso com alunos do 8º ano.

Disponível em: <http://www.scielo.oces.mctes.pt/pdf/aps/v24n2/v24n2a07.pdf>. Acesso em 07/10/2007. consultado em 07 out 2007.

SMOLE, Kátia Stocco, *Novos óculos para a aprendizagem da Matemática*. Revista Viver Mente e Cérebro, Memórias da Pedagogia, ano IV, n° 02, 2005.

UNESCO Brasil. *Educação para Todos: prioridade 1 da UNESCO*. Disponível em <http://www.unesco.org.br/areas/educacao/institucional/EFA/index_html/mostra_documento>. Acesso em 13/11/2007.

Dos ideogramas alquímicos ao alfabeto de Lavoisier: uma análise da influência da linguagem na evolução da química e das ciências

Marcelo Marcílio Silva

1. Introdução

Em 1787, Lavoisier defendeu na Academia das Ciências, durante a leitura pública de sua Memória, a necessidade de reformar e aperfeiçoar a nomenclatura química. Procurando aprofundar esta Memória acabou por desenvolver o seu "Tratado Elementar de Química", no qual, rompendo com a tradição alquímica, propôs uma revolução que resultaria nas bases para a instituição da química como uma ciência moderna. Em seu Discurso Preliminar do Tratado, Lavoisier apresentou brevemente a sua visão da dimensão da linguagem na construção do pensamento científico. O presente texto aprofunda a discussão do papel da linguagem e de como a adoção do alfabeto químico elementar permitiu a escrita da natureza química de uma forma sistêmica e quantificável. Esse processo resultou nas idéias de partícula e de átomo. A noção de quantização, primeiramente de matéria e posteriormente de energia, permitiu o enorme desenvolvimento das ciências nos séculos XIX e XX e provavelmente não teriam sido possíveis sem a visão "elementarista" de Lavoisier.

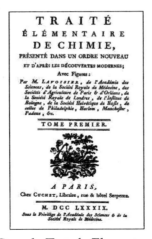

Figura 10: Capa do Tratado Elementar de Química.
www.iupac.org/.../ci/2007/2902/3_joumel.html

2. Lavoisier: o homem

Antes de discutir sobre a principal obra de Lavoisier é conveniente conhecer o porte desse parisiense, cujas idéias e atitudes modificaram o panorama não apenas da França mas também do mundo, tanto no campo científico como geopolítico.

Aos 26 dias de agosto de 1743 nasceu Antoine-Laurent de Lavoisier, filho de Jean-Antoine – célebre advogado francês, cuja competência amealhou um patrimônio considerável. Esse patrimônio permitiu ao jovem Antoine os recursos financeiros necessários para seu sustento e suas pesquisas. Apesar de aristocrata e nobre, Lavoisier foi um homem do seu tempo. Comprometeu-se financeira e pessoalmente com o desenvolvimento intelectual, político e social da França em um dos períodos mais turbulentos de sua história – A Revolução Francesa.

Apaixonado pelas ciências desde a juventude não seguiu os incentivos paternos para a carreira do Direito e aos 22 anos participou de um concurso para a iluminação das ruas de Paris, apresentando seu trabalho *Mémoire sur le meilleur système d'éclairage de Paris*. Seu projeto julgado interessantíssimo foi premiado com a medalha de ouro em 1766. Estava aberta a porta para sua entrada na Academia Francesa de Ciências. Seguiram-se outros estudos e premiações, e em 1768, com apenas 25 anos, Antoine Lavoisier foi eleito e empossado na Academia Francesa de Ciências.

Casou-se com Marie-Anne Pierrette Paulze (1758-1836) – Madame Lavoisier – herdeira de fortuna considerável, que colaborou intensivamente com Antoine nos trabalhos em seu laboratório. As ilustrações dos trabalhos científicos de Lavoisier foram elaboradas por Marie-Anne. O casal se complementava, numa simbiose produtiva que remete a outro brilhante casal parisiense Marie (1867-1934) e Pierre Curie (1859-1906). Após a morte de Antoine Lavoisier, Marie-Anne casou-se com o físico Benjamin Rumford – Conde Rumford (1753-1814). Apesar do novo matrimônio, Marie-Anne manteve o sobrenome Lavoisier.

Ironicamente uma das melhores sínteses do homem público Lavoisier, descontada a acidez da crítica invejosa, feita pelo seu inimigo Jean-Paul Marat (1743-1793) – jornalista, líder revolucionário e cientista medíocre – que escreveu em seu jornal *L´Ami du Peuple* em 1789: *Denuncio a vocês o corifeu dos charlatões, mestre Lavoisier, filho de um açambarcador de terras, químico aprendiz, discípulo do especulador em ações genebrês Necker, um fazendeiro-geral, comissário da Pólvora e Salitre, diretor do Banco de Descontos, secretário do rei, membro da Academia de Ciências, íntimo de Vauvilliers, administrador inconfiável da Comissão de Alimentos de Paris e o maior maquinador dos tempos.*

Consciente da importância dos desdobramentos tecnológicos sobre o panorama dos eventos políticos, Lavoisier afirmou em 1789 que *A América do Norte deve sua independência à pólvora francesa.*

A denúncia feroz de Marat, em um período conturbado como o da Revolução, surtiu efeito e em 1794, quando um juiz revolucionário sentenciou Lavoisier à morte na guilhotina com a célebre frase: *La revolution n´a pas besoin de savant.* – A revolução não precisa de um sábio.

Em 8 de maio de 1794, Paris – La Ville-Lumière, a cidade que brilharia graças ao plano de iluminação de Lavoisier, recebe em seu solo a cabeça de seu filho Antoine – uma das cabeças mais brilhantes da Ciência. Sobre esse instante refletiu mais tarde o também brilhante matemático Conde Joseph Louis Lagrange (1736-1813): *Eles não levaram mais do que um momento para fazer rolar aquela cabeça, e cem anos podem não ser suficientes para produzir outra cabeça como aquela.*

3. A necessidade de uma nova linguagem

No Tratado Elementar de Química (1789), Lavoisier escreveu sobre as substâncias químicas: *É necessário grande hábito e muita memória para nos lembrarmos das substâncias que os nomes exprimem e sobretudo para reconhecer a que gênero de combinações pertencem.*

Essa afirmação é a síntese de um longo processo de reflexão sobre as dificuldades que os químicos encontravam no desenvolvimento de suas pesquisas. Alguns anos antes, Lavoisier e outros três químicos franceses: Guyton de Morveau (1737-1816), Claude Berthollet (1748-1822) e o Conde de Fourcroy (1755-1809) haviam se debruçado sobre o problema da nomenclatura química, e suas conclusões foram sistematizadas no "Método de Nomenclatura Química" (1787). A nova nomenclatura foi incorporada e sistematizada no Tratado Elementar de Química.

Durante esse processo Lavoisier tomou consciência do papel da língua e recolheu da obra *Lógica* do Abade de Condillac (1715-1780) a seguinte sentença: *só pensamos com a ajuda das palavras; que as línguas são os verdadeiros métodos analíticos;... enfim, que a arte de raciocinar se reduz a uma linguagem bem feita*. Desta forma a obra de Lavoisier ganhou uma dimensão epistemológica que tem sido pouco explorada.

Os nomes de vários compostos químicos ainda guardavam um ar de mistério e de segredo, resultado do passado alquímico não tão distante. Nomes como: "pó de Algarotti" (oxicloreto de antimônio III) – em homenagem ao médico veronês Vittorio Algarotti (1553-1604); "sal de Alembroth" (cloreto de mercúrio e amônio) em inglês também conhecido como "salt of wisdom" – sal da sabedoria – por seu uso como estimulante; "água fagedênica" (solução de cloreto de mercúrio II e água de cal[74]) usada intensamente no tratamento de úlceras fagedênicas; pouco ou nada dizem dos compostos químicos a que se referem. Além disso, outras designações como "óleo de vitríolo" (ácido sul-

---

[74] Solução saturada de hidróxido de cálcio.

fúrico), "manteiga de antimônio" (cloreto de antimônio III) ou "flores de zinco" (óxido de zinco sublimado), induzem a noções errôneas pois, diferentemente das aparentes designações, essas substâncias constituem venenos violentos.

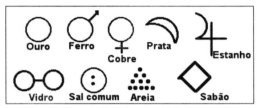

Alguns símbolos da alquimia

Figura 11: Símbolos alquímicos no tempo de Lavoisier.
http://www.monografias.com/trabajos32/nomenclatura-quimica/
nomenclatura-quimica2.shtml

É indiscutível a beleza estética que os nomes alquímicos carregam, contudo cada nome é único à semelhança de um ideograma das línguas orientais. Como gerir essa enormidade de nomes? Este é um problema atualíssimo. Em seu livro *Fonts & Encodings*, o pesquisador Yannis Haralambous discute a dificuldade de compatibilizar o sistema tradicional das línguas orientais ideogramáticas com as modernas necessidades do processamento computacional. Tal dificuldade aparece refletida na especificação do Unicode – Sistema de representação simbólica adotado pelos gigantes de informática, que se propõe a ser um alfabeto universal. Nessa discussão Haralambous apresenta alguns exemplos, da gênese de novos ideogramas a partir da composição de outros:

女壬 (mulher + nove meses)	妊 (gravidez)
宀女 (teto + mulher)	安 (tranqüilidade)
女女女 (mulher + mulher + mulher)	姦 (barulho)

Apesar da riqueza humana contida nessas composições, a cada nova combinação o sistema de representação torna-se mais complexo, exigindo mais memória para recordar a que cada símbolo se refere. Mesmo com os modernos computadores esse processo é custoso e de difícil gestão, permanecendo um problema aberto. Uma solução para isso, encontrada por alguns povos orientais como os japoneses e coreanos, foi o desenvolvimento de alfabetos silábicos para a língua escrita. Até mesmo o Grande Timoneiro Mao Tsé Tung (1893-1976), zeloso da milenar tradição chinesa, advogava que: *A linguagem escrita deve ser reformada; devemos prosseguir na direção da fonetização adotada por todas as línguas do mundo.*

Para que seja feita a criação de um alfabeto silábico é necessário um esforço muito grande de análise, visando discriminar os elementos básicos constituintes das palavras. Processo análogo foi desenvolvido por Lavoisier para descrever os compostos químicos. Inicialmente, admitiu considerar como substâncias simples ou elementos *todas as substâncias que ainda não pudemos decompor por algum meio*. Uma vez determinadas, estas substâncias foram primeiramente nomeadas. Procurou nesse processo manter os nomes históricos, exceto aqueles que induziam a idéias dúbias ou errôneas. Como critério para a decisão sobre a elementaridade das substâncias Lavoisier utilizou a experiência e observação sistemática. Deste esforço é que a obra recebe seu título – Tratado Elementar de Química –, pois se ocupa em definir os elementos, ou seja, apresentar o alfabeto químico.

Como pode ser visto na tabela um dos objetivos da nova nomenclatura foi suprimir nomes redundantes, ou seja, associar a uma substância simples um único nome, de tal forma que o leitor ou ouvinte tenha claro a qual substância o termo se refere. Nos vários capítulos do Tratado, Lavoisier apresentou análises sobre os ares atmosféricos, combinações da água com outras substâncias, decomposição dos materiais vegetais e animais, processos de oxidação e fermentação, e muitos outros. Todos os capítulos estão recheados de relatórios de experiências, dados meticulosamente quantificados, observações que subsidiam suas idéias sobre a determinação de substâncias simples ou compostas, e desdobramentos químicos. Apresentou também uma série de tabelas, que registram quais as combinações conhecidas entre os vários elementos e os processos para obtenção dessas combinações.

Tabela de Substâncias Simples adaptada a partir do Tratado Elementar de Química

Substâncias Simples	Nomes Novos	Nomes Antigos Correspondentes
Pertencentes aos três reinos e que podem ser vistas como os elementos dos corpos	Luz	Luz Calor Princípio do calor Fluído ígneo Fogo Matéria do fogo e do calor
	Oxigênio	Ar deflogisticado Ar empireal Ar vital Base de ar vital
	Azoto	Gás flogisticado Mofeta Base da Mofeta
	Hidrogênio	Gás inflamável Base do gás inflamável
Não metálicas oxidáveis e acidificáveis	Enxofre Fósforo Carbono Radical muriático Radical fluórico Radical borácico	Enxofre Fósforo Carvão puro Desconhecido Desconhecido Desconhecido
Metálicas oxidáveis e acidificáveis	Antimônio Prata Arsênico Bismuto Cobalto Cobre Estanho Ferro Manganês Mercúrio Molibdênio Níquel Ouro Platina Chumbo Tungstênio Zinco	Antimônio Prata Arsênico Bismuto Cobalto Cobre Estanho Ferro Manganês Mercúrio Molibdênio Níquel Ouro Platina Chumbo Tungstênio Zinco

	Cal	Terra calcária, cal
	Magnésia	Magnésia, base do sal de Epsom
Salificáveis e terrosas	Barita	Barita, terra pesada
	Alumina	Argila, terra de alúmen, base de alúmen
	Silício	Terra silicosa, terra vitrificável

O Tratado Elementar de Química apresenta um alfabeto químico, seu processo de pesquisa e justificativa de construção, os processos de combinação desses elementos para obtenção das substâncias compostas e um sistema de nomenclatura que reflete as substâncias constituintes e seus processos de obtenção. A parte final do Tratado contém um conjunto de ilustrações elaboradas por Madame Lavoisier, que permitem ao leitor ter uma visão detalhada dos instrumentos necessários aos processos químicos. Esse conjunto sistematizado de conhecimentos determinará como será escrito o futuro léxico químico.

Posteriormente, trabalhando sobre as descobertas de Lavoisier, o físico e meteorologista inglês John Dalton (1766-1844) resgatou o ideário dos filósofos gregos Leucipo e Demócrito, de partículas indivisíveis, dando início ao atomismo moderno. No processo de construção do moderno modelo atômico participaram vários personagens, merecendo destaque o inglês Michael Faraday (1791-1867) com sua teoria elétrica; o botânico e físico escocês

Robert Brown (1773-1858) descobridor do movimento que leva seu nome; o físico escocês James Clerk Maxwell (1831-1879) e o austríaco Ludwig Edouard Boltzmann (1844-1906) pelos importantes desenvolvimentos na mecânica estatística. O químico russo Dmitri Ivanovich Mendeleiev (1834-1907), em 1869, quando da confecção de sua Tabela Periódica dos Elementos Químicos, suscitou a idéia da existência de estruturas intra-atômicas. A descoberta do elétron pelo físico inglês Joseph John Thomson (1856-1940) e posteriormente as experiências do físico e químico neozelandês Ernest Rutherford (1871-1937) comprovariam a existência dessas estruturas. Outro importante passo foi dado pelo físico alemão Max Karl Ernst Ludwig Planck (1858-1947), que propôs a existência de valores mínimos para as trocas energéticas, cujos valores seriam múltiplos de uma constante fundamental. Essas e outras descobertas só foram possíveis por estarem apoiadas no conceito de elementaridade, de unidade mínima, de quantum.

Em agosto de 2005, o CAS – Chemical Abstract Service – havia registrado cerca de 26 milhões de compostos químicos e 57 milhões de biosseqüências. Nesses mais de 200 anos o alfabeto proposto por Lavoisier mostrou-se uma ferramenta eficaz para a descrição do universo químico, contudo a crescente demanda de novas substâncias vem exigindo da comunidade científica uma reestruturação da nomenclatura. Nesse intuito a IUPAC[75] desenvolve desde 2000 um método de representação computacional dos compostos químicos, o InChi.[76] No InChi cada composto possui uma única representação permitindo a troca precisa de informações químicas. Esta especificação foi particularmente pensada para o intercâmbio de aplicações digitais. As dificuldades encontradas no desenvolvimento desse sistema são muito semelhantes às referenciadas por Haralambous para tratamento das línguas orientais no Unicode.

Mas, enfim, as ciências progrediram porque os filósofos observaram melhor e puseram, na sua linguagem, a precisão e a exatidão que tinham posto nas suas observações; corrigiram a língua e se raciocinou melhor.[77] Partindo dessa citação, selecionada pelo próprio Lavoisier, conclui-se que mais importante que os resultados apresentados no Tratado Elementar de Química foi a divulgação de um rigoroso processo redutivo de pesquisa epistemológica, que atribuindo uma nova dimensão ao papel da linguagem na construção do pensamento científico influenciou de forma marcante as futuras gerações, proporcionando a criação de uma ponte filosófica conectando o pensamento dos filósofos estóicos à moderna visão de partículas quânticas.

---

[75] International Union of Pure & Applied Chemistry.
[76] International Chemical Identifiers.
[77] Citação do Abade de Condillac.

Referências bibliográficas

Antoine Lavoisier. Disponível em <http://pt.wikipedia.org/wiki/Antoine_Lavoisier>. Acesso em 21/10/2007.

BASSALO, J.M.F. *Lavoisier e Marat*. Disponível em <http://www.seara.ufc.br/folclore/folclore154.htm>. Acesso em 21/10/2007.

BERMEJO, M.R.; GONZÁLEZ-NOYA; A.M.; VÁZQUEZ, M. *Elementos Químicos*. Santiago de Compostella: Real Academia Galega, 2006.

GOTTLIEB, A.H.; GOTTLIEB, H.; BOWERS, B. e BOWERS B. *1,000 Years, 1000 People – Ranking the Men and Women Who Shaped the Millennium*. New York: Kodansha America, Inc, 1998.

GUERRERO, J. R. *La Primera Gran Red Comercial de un Medicamento Chymico*. Disponível em <www.revistaazogue.com/callforpaper0.htm>. Acesso em 05/01/2008.

HARALAMBOUS, Y. *Fonts & Encodings – From Unicode to Advanced Typography and Everything in Between.* Translated by P. Scott Horne. Sebastopol, Califórnia: O'REILLY, 2007

LAVOISIER, A.L. *Tratado Elementar de Química.* Tradução: Lais dos Santos Pinto Trindade. São Paulo: Madras, 2007.

LIENHARD, J.H. *The Death of Lavoisier. Engines of Our Ingenuity.* Disponível em <http://www.uh.edu/engines/epi728.htm>. Acesso em 23/10/2007.

Modern Language Association. Dictionary.com Unabridged **(v 1.1)**.Random House, Inc. 19 Jan. 2008. Dictionary.com. Disponível em <http://dictionary.reference.com/browse/algarothpowder>. Acesso em 05/01/2008.

Online Medical Dictionary. Disponível em <http://cancerweb.ncl.ac.uk/omd/>. Acesso em 06/01/2008.

PINCELI, C.R. *Antoine Laurent Lavoisier.* Disponível em < http://www.fem.unicamp. br/ ~em313/paginas/person/lavoisie.htm>. Acesso em 20/10/2007.

ROVNER, S. L. Chemical 'Naming' Method Unveiled. In: *Chemical & Engineering News* - August 22, 2005 -Volume 83, Number 34 pp. 39-40. Disponível em <http://pubs.acs.org/email/cen/html082205061024.html>. Acesso em 16/01/2008.

SEGRÉ, E. *Dos raios X aos quarks*. Brasília: UnB, 1987.

TAYLOR, I. e TAYLOR, M. M. Writing and Literacy in Chinese, Korean and Japanese. Philadelphia: John Benjamins, 1995. In: NING, L. *Abandoning the Tradition. Language Reform in Communist China*. Deliberations Fall 2001. Durham, Carolina do Norte: Duke University, 2001.

TRINDADE, Diamantino Fernandes. *História e Filosofia das Ciências*. Santos: Universidade Metropolitana de Santos, 2007.

IMPRESSO NA
sumago gráfica editorial ltda
rua itauna, 789 vila maria
02111–031 são paulo sp
telefax 11 **2955 5636**
sumago@terra.com.br